中公文庫

女と文明

梅棹忠夫

中央公論新社

まえがき

ここに、女性論および家庭論に関するわたしの一連の論稿をまとめて世におくる。わたしが女性論、家庭論をかいていた時期は、主として一九五〇年代後半から六〇年代前半に集中している。本書におさめたもののなかには、いまから三〇年以上もまえに執筆した論文もある。その後も断続的にこの問題をとりあげて、いくつかの論説をかいてきた。ここに収録したもののほかに、家庭論あるいは家族論ともいうべきものがかなりあるが、それらはまたべつの機会にまとめたいとかんがえている。

本書『女と文明』に収録した「女と文明」および「妻無用論」「母という名のきり札」は、いずれも中央公論社発行の『婦人公論』に掲載されたものである。当時の『婦人公論』は三枝《さいぐさ》佐枝子編集長と宝田正道次長の名コンビで、つぎつぎとあたらしい企画をうちだし、論壇をわかせる論文を掲載していた。わたしのこの一連の論文もおおきな反響をよんだようで、筆者のところにもおびただしい投書がおくられてきた。

その後、女性の社会的地位をめぐって論争がながくつづいた。それについては、本文中にしるしたとおりである。

のちに『暮しの設計』という雑誌がおなじ中央公論社からではじめ、それにもわたしは家庭論の延長としての家事論を二ど執筆した。

その後まもなく、これらの論稿を中心に一書にまとめないかというさそいが中央公論社からあった。わたしものり気になって原稿の整理などをすすめていたのであるが、当時のわたしは公私ともに多忙をきわめ、なかなか作業ははかどらなかった。そのうちに、わたしは家庭論に興味をうしなってしまったこともあって、この本はついに出版されることはなかった。

最近になって、わたしは目をわずらって、さまざまな社会的活動のいくらかから身をひかざるをえなくなった。それがかえってさいわいして、わたしは過去の著作を点検し、整理し、補強するための時間的余裕をもつことができるようになった。そこで、永年の宿題をはたしたいとおもったのである。三〇年ものながい年月にわたるものであるが、わたしとしては自分の思想の記録として、のこしておきたかったのである。

思想の本すじとしては、わたしのかんがえはほとんどかわっていない。しかし細部においては多少かきあらためたい部分がないわけではないが、記録という意味をかんがえて、こんどはほとんど手をくわえなかった。ただ論文中に封建武士＝サラリーマン型家庭という語がしばしばでてくる。ここで封建武士とよんでいるのは、主として江戸時代の幕藩体制下の武士のことである。通常の用例にしたがったまでのことではあるが、江戸時代を封建制というのはむりがあるようだ。ここは近世武士とよみかえていただきたい。

いまごろになって、本書をまとめるというわたしの時期はずれのもうしでをこころよくうけとめて、この本を出版してくださった中央公論社のみなさま、とくに書籍編集局次長岩田堯氏に感謝の意を表する。

本書をまとめるにあたって、それぞれの論稿の転載をこころよくゆるしてくださった出版社、新聞社、放送会社のみなさまにふかく感謝します。

本書の原稿の整理、全体の構成などについては、現在のわたしは自分ではよみかきができないので、全面的に近藤敦子氏の協力をえた。しるして謝意を表したい。

一九八八年八月

梅棹忠夫

目次

女と文明

女と文明

解説

一九五五（昭和三〇）年、わたしは京都大学のカラコラム・ヒンズークシ学術探検隊の一員として、アフガニスタン、パキスタンおよびインドを旅行した。この旅行において、イスラーム世界、ヒンドゥー世界をみたことは、わたしにとって衝撃的な経験であった。わたしは諸文明におけるさまざまな人間のありかたについて、ふかくかんがえさせられた。

当時、わたしは大阪市立大学理工学部生物学教室に所属する一助教授であったが、もともと人類学への傾斜をもっていて、この探検隊には人類班の一員として参加していた。この旅行で各地の社会と文化の実状を実地に経験することによって、わたしは社会人類学への傾斜をますますつよめることとなった。同時にこれらの異文明に接するとともに、わたしのなかにくすぶっていた比較文明論へのつよい関心が、いっきょに噴出することとなった。

帰国後、比較文明論的関心から、さまざまな論説をかきはじめた。それらのある部分は、のちにわたしの著書『文明の生態史観』のなかにおさめられている。(註1)

女性の生きかたについても、さまざまなことをかんがえさせられた。『文明の生態史観』に収録した「新文明世界地図」のなかで「はたらく女性の分布」という一項をもうけて、女性の労働を論じている。わたしが女性の問題を文明論的にあつかったのは、これが最初である。

これを発表したのは、一九五七（昭和三二）年一月のことであるが、その後『婦人公論』のもとめに応じて、これらの旅行の体験をふまえながら、女性についての社会人類学的、ないしは比較文明論的な考察をまとめた。それがここに収録したこの文章である。（註2）

この原稿は、まことに難産であった。執筆に時間をとり、郵送ではしめきりに間にあわなくなった。当時、中央公論社の関西駐在員であった末次攝子氏が徹夜でわたしの家にはりこみ、できた原稿を電話で送稿して、やっと間にあったのをおぼえている。

（註1）梅棹忠夫（著）『文明の生態史観』（中公叢書）一九六七年一月　中央公論社

この本は、のちに文庫版がでている。

梅棹忠夫（著）『文明の生態史観』（中公文庫）一九七四年九月　中央公論社（「著作集」第五巻『比較文明学研究』所収）

（註2）梅棹忠夫（著）「女と文明」『婦人公論』五月号　第四二巻第五号　第四八一号　六六―七一ページ　一九五七年五月　中央公論社

女の地理学

先日、妻のおともをして百貨店へいった。台所用品を買うのだという。百貨店へはときどきゆくけれど、台所用品の売場なんか、とんと用事がないのでいったことがない。いってみて、台所用品というものの種類の豊富さにただただ感嘆した。やかんとか、包丁とか、そういうありきたりの筋のとおったもののほかに、わたしなんかはみたこともないような奇妙なかっこうの道具がおびただしくあった。いったい、なににつかうのか想像もつかない。ひとつひとつ、妻の説明をきいて感心した。

売場の一部分にモデル・キッチンがこしらえてあった。それぞれの台所用品を一カ所にあつめて、じっさいの台所のようにならべてある。いかにも便利よくつくってあって、こんな台所なら、家庭の主婦も毎日の生活がどれほどかたのしく、またらくであろうか。そういったら妻は、「なにをいってるの。こんなのは、ごくありきたりの、ふつうの台所じゃないの。不便にできてるのは、家《うち》の台所だけですよ」といった。いわれてあらためて見なおすと、なるほど、モデル・キッチンといっても、電気冷蔵庫のほかは、たいして高価な品物もなく、要するに、日本の中流家庭の標準どころであろう。これに感心していたのは、あきらかにわたしがうとかった。

わたしにはしかし、台所については、わすれることのできないイメージがいくつもある。日本では、よその家庭の台所にしばしばふみこむわけにもゆかないので、かえって常識がないけれど、外国では、人類学者の特権で、いくつかの異民族の家庭の台所をのぞいてまわっている。そのイメージである。

たとえば、モンゴル遊牧民の台所はまるいテントのなかにある。土間のまんなかに、四角い炉《ろ》をきって、それに五徳《ごとく》をすえる。台所用品といえば、その五徳のほかに、おおきな鍋がひとつと、杓子《しゃくし》、素朴なお椀、それにいくつかの水をいれる手桶《ておけ》があるだけだ。それは、これ以上かんたんにはできないというほどの、かんたんさである。日本の百貨店のモデル・キッチンのにぎやかな複雑さにくらべて、なんというちがいだろうか。

遊牧民を比較にもってくるのでは、ちがいすぎるのはあたりまえだろうが、ほかの民族だって、ずいぶんおどろくべき台所で、毎日のいとなみをまかなっているものだ。単に、道具が豊富にあるとかないとかのほかに、それぞれの民族の、食生活の習慣のちがいをも反映しているから、その比較研究はずいぶんおもしろい。日本の台所がとりわけにぎやかなのは、ひとつには、日本人の食生活の豊富さをものがたるものである。スプーン、フォークが箸《はし》と共存し、めしたき釜はフライパンとともに必要である。わたしは、世界各国の台所の比較研究——いうなれば、台所の世界地理学が成立するとおもった。

台所の地理学は、ただ、ちがった形態の台所用品の分布をとりあつかうだけではない。それは、さまざまな道具類の機能のちがいをもあつかわなければならない。つかいかたの問題である。あるいは、つかうひとの問題である。家庭の台所にあって、台所用品をつかうひとは、それは、どの民族でもおおむね女であり、家庭の主婦である。台所だから、各民族の台所の比較研究は、そのまま各民族の主婦の比較研究である。台所の地理学は、そのまま女の地理学におよばなければならない。

女というものは、家庭の主婦というものは、毎日なにをしているのだろうか。食事をつくること、そうじと洗濯、裁縫、それから子どもをそだてること。こういうふうにならべてみると、どの民族もまったく似たりよったりである。中央アジアの遊牧民も日本の都会のモデル・キッチン族も、かわりはない。ただ、その毎日の食事つくりやそうじ、洗濯のための労働の内容が、ひどくちがうのである。ガス・レンジと、かわいた家畜の糞《ふん》をたく炉とでは、ちがいがひどすぎる。遊牧民の女たちは、草原をさまよいあるいて家畜の糞をひろいあつめる仕事からはじめなければならない。女の仕事の比較をするなら、なにはともあれ、この家事労働のはげしさの比較をこそ、第一にとりあげなければならないだろう。

妻の座

わたしたちは女の地理学の第二章にすすもう。女たちの、社会的地位の比較である。どの民族だって、女の社会的地位は似たようなものだ、といえばいえないことはない。要するに、妻であるか、母であるか、娘であるかだ。たとえば、子をもつ母であることは、風俗習慣のちがいをこえて世界のすべての民族の女に、共感をまきおこすことができる。世界母親大会が成立するゆえんである。しかし、それとともに、妻であること、母親であることは、前章の台所の論理において、世界じゅうの女の仕事はおなじだ、といったのに似ている。ここでもまた、にているのはかたちだけで、妻のありかた、母のありかたの内容には、ずいぶんおおきいちがいがある。比較を論ずるならば、そのちがいがやはり第一にとりあげられなければならないとおもう。

妻のありかたに、そんなひどいちがいがあるものだろうか。それは、ある。一例をあげよう。妻は、いつでもひとりとはかぎらない。日本でも、妾《めかけ》というものがある。しかしここでいうのはそれではない。正式に、ふたりあるいはそれ以上の妻が、ひとりの夫と結婚して、いっしょにくらしている場合である。イスラーム教徒のあいだでは、四人までは公認されることは有名な事実だが、その他の国にも、いくらでもあることだ。

日本の妻たちがかんがえているところの、妻のつとめ、妻の座というのも、みんな自分ひとりが妻であることを前提にしている。おなじく妻とよばれるほかの女が、自分のほかに、おなじ家のなかにいることを想像してごらんなさい。気もちがよいかわるいかは別として、すくなくとも家庭における妻というものの地位の内容は、かなりことなるものであるにちがいない。

日本の家庭における妻の座が、いかにみじめなものであり、いかに不安定なものであるかは、わたしたちはいやというほどきいた。それは、主観的にはほんとうだろうとおもう。亭主関白ののほほんの座にくらべて、妻の座には、どれだけの涙がそそがれてきたことか。しかし、わたしはかなしみやよろこびのことはいわないでおこう。ただ、世界における妻の地理学を追求するかぎり、日本の妻たちが想像もできないようなべつの妻のありかたが、世界にはたくさん存在する、ということだけをのべておく。

　妻のありかたについて、もうひとつことなる例をあげよう。それは、中東からインドにかけて、ひろい地域にみられる、女をかくす習慣である。これは妻だけとはかぎらず、おとなの女すべての問題である。現在地球上に生きている人類の総人口のうち、おそらくは、億を単位にかぞえられる数の女が、他人の目から遮断されているのである。そとにでるときは、おおいをかぶり、家にあっては、女だけの部屋にこもってしまう。お客があっても顔をみせない。わたしは、中東方面の旅からかえってきて日本についたとき、町にあふれる女性の数と、そのうつくしさに、いちばんつよい印象をうけた。日本では、市民は男と女からなりたっている。むこうでは、市民は男だけである。女はまるで存在しないもののようなあつかいをうける。

こんなふしぎな習慣が、どうして発生したか。よくわからないけれど、東ローマ帝国あたりの習慣が、イスラーム教徒によってひろめられたものらしい。ロシアにも、ずっと後世までのこっていた。すこしかたちはちがうけれど、ふるい中国にみられたテン足という習慣も、効果としてはおなじことではなかっただろうか。どちらも、女を家畜のように、所有者に直接にむすびつけておく手段であった。

一夫一妻制の確立

おおいをかぶったイスラーム教徒の女たちが、ふたり、三人、いっしょに妻の座を共有して、それで居ごこちがよいのかどうか、それはしらない。夫たちにきいてみると、やはり妻どうしのけんかの仲裁になやまされるので、一夫多妻も、はたでみるほどよいものじゃない、といった。

本人たちの幸不幸は別として、いまや地球上のすべての地域で、一夫多妻はだんだん人気がなくなってきていることは、うたがいをいれない。それはどうやら、世界をつらぬく文明の方向のようにみえる。盛大なる一夫多妻制のイスラーム諸国においても、その傾向はだんだんへってゆくようだ。先年も、パキスタンの首相がふたり目の夫人をめとったときには、さすがにその国のなかでもおおいに問題になった。法律的にはイスラーム法によって公認されているのであるから問題ないはずなのだが、婦人団体あたりから公開の抗議状が発せられたりして、大さわぎだった。けっきょく、わかくモダンなシリアうまれの新夫人とともに、きっすいの伝統的パキスタン女性であるところのふるいほうの夫人も、絶対に平等に愛するという首相の誓約によって、けりがついたという。

じつは、厳格なる一夫一妻制をほこっている日本だって、すこしむかしはえらそうなことはいえない。いまでも、事実上の一夫多妻の実行者はすくなくないだろうし、むかしなら天皇以下、武士のはしくれにいたるまで、おおっぴらに妾をおいた。あとつぎをつくるとかなんとか、理由はいくらでもついた。

その点は、ヨーロッパ諸国だって、にたようなものだ。キリスト教だからそんなことはまったくないのかとおもったら、そうではない。封建時代の一夫多妻の実例なら、たとえば有名なベーベルの『婦人論』(註)などをみても、いくつもあがっている。もっともこの本は、社会主義になるまでは、女はどんなにひどい目にあわなければならなかったかを力説した本である。とにかく、ある封建領主が第二夫人をめとるについて、ルッターの承認をもとめた。このえらい坊さんは、第一夫人に対する結婚の義務が、いままでよりいっそうつくされるという条件のもとでこの二重結婚をみとめた。パキスタン首相の場合とおなじことだ。とにかく、西ヨーロッパの封建王侯は、一八世紀になっても、一夫多妻を正式に実行していた。正式以外のは問題にもならない。

日本や西ヨーロッパが、イスラーム諸国などとちがう点は、すくなくとも、たてまえのうえからは、ついに一夫多妻制を打倒した、という点である。もともと、日本でもヨーロッパでも一夫多妻制を愛用したのは封建貴族であって、庶民たちのなかではるかに厳格な一夫一妻制がまもられていた。一夫一妻制をよしとする倫理観念そのものが、キリスト教によるというよりは、むしろ、封建時代に徐々に勃興しつつあったあたらしい市民階級の道徳に基礎をもつものではなかっただろうか。日本や西ヨーロッパのようなはっきりした封建制度がなく、かつ市民社会の勃興をみなかった地域では、ついに一夫一妻制を確立することがなかったのであろう。しかしいまは、市民社会の倫理観念が全世界をおおいはじめている。

日本や西ヨーロッパにおいても、正妻たちは手ばなしで第二、第三夫人の追放に成功したわけではない。社会制度上からいえばはげしい革命のくるしみののち、封建制をひっくりかえしたのだし、家庭のなかにあっては、亭主たちの、ともすればあらわれる一夫多妻的傾向に対してたえざる抵抗をつづけてきたにちがいない。市民階級の妻たちは家庭において、ある種の権力をにぎりつづけていたのである。

その点では、いまなお、きわめて封建的であると、日本人みずからが批評する日本の家族においても、庶民の主婦たちは、単なる「かりものの腹」にすぎない武士の妻とはちがって、ずっと立場がよかった。離婚は、亭主側からいいだすのだが、大坂の町人のあいだでは、結婚のときに式銀（敷金）がはいっている。わかれたければ、亭主はそれをつごうしてかえさなければならなかったという。

（註）ベーベル（著）加藤一夫（訳）『婦人論』「世界大思想全集」第三三巻　一九二七年一二月　春秋社
『婦人論』はその後、岩波文庫として刊行され、改訳のうえ版をかさねている。
ベーベル（著）草間平作（訳）『改訳　婦人論（上）』（岩波文庫）一九七一年一月　岩波書店

ベーベル（著）草間平作（訳）『改訳　婦人論（下）』（岩波文庫）一九八一年五月
岩波書店

しゃもじ

日本や西ヨーロッパにおいては、庶民の妻たちは、ある程度の主婦権の確立に成功している。それには、おおくの制約はあった。あるいはいまなおある。日本の主婦にまつわるたくさんの社会的な制約は、ご承知のとおりである。西ヨーロッパの主婦たちにも、にたようなことがたくさんあるようだ。たとえば、フランスでは妻は夫の同意なしに、貯金をひきだすこともあずけることもできないのだそうだから。

制約はあるけれど、ともかくもある程度の地位を確立しえたということは、彼女たちがはたらきものだということによる。彼女たちは、武士の妻たちのように、単なる「かりものの腹」ではなかったからだ。武士の妻たちは子どもをつくるだけだったが、庶民の妻たちは子どものほかに、モノも金もつくるのに役だった。要するに、彼女らは単なる家畜ではなく、そのはたらきにより、制限つきとはいえ、人間的な地位をえつつあった。

日本の家族制度が封建的であることは、定評があるようだ。封建的ということの内容は、あんまり豊富なので、よくわからないけれど、すくなくともつぎの点では、わたしはたしかに封建的だとおもう。それは日本の伝統的な家族制度では、おやじののこした財産を長男がまるごともらってしまうという点である。深沢七郎氏の「東北の神武《ずんむ》たち」(註1)という小説は、日本のこの封建的家族制度のもっとも本質的な部分のポンチ絵である。次男以下は長男の家で、ひげぼうぼうの作男になって一生女もしらずにくらす。その点、中国やイスラーム諸国では、ずっと「民主的」であるようだ。財産は、兄弟姉妹でなかよくわける。あたらしい未亡人、つまりのこされた妻にも、ちゃんと取り分がある。わたしは、日本の長子相続のことを、あるイスラーム教徒のインテリにはなしたら、かれはほんとうにびっくりして、いった。「なんという貴族政治的《アリストクラティック》なやりかただ！」

日本人ならもちろん「なんという封建制《フューダリズム》！」というところだが、かれは「貴族政治的」といった。これには意味がある。かれらの国では、われわれの国のような封建時代がなかった。だから、民主的に対立する語は、貴族主義的であって、封建的ではない。われわれの国では、まさに、この長子による単一の相続制度を基礎にして、封建制度下の土地と兵力の合理的編成が成立したのであった。

西ヨーロッパ諸国は万事民主的だとつねづねいいきかされているので、わたしはつい、うっかりして、イスラーム諸国の相続制度は、ヨーロッパとおなじ系統の民主的文化なのだとおもっていた。しかしかんがえてみたらそんなばかなことはない。西ヨーロッパ、とくにイギリス、フランス、ドイツなどは、日本とひじょうによくにた封建制度があった国だ。そういう国で、イスラーム諸国や中国のような分割相続制があるはずはない。しらべてみたらやっぱりそうで、子どもたちや未亡人が財産をわけあう習慣は、つい最近のものだ。最近のことなら、日本と五十歩百歩だ。みんな、厳然たる「封建的家族制度」の国ではないか。家名をおもんじたり、家紋をもったりするのは、日本と西ヨーロッパ諸国だけである。

イスラーム諸国や中国などの妻たちは、封建的な家族制度のもとにある日本の妻たちより、ある点では、あきらかにめぐまれている。彼女らは、夫の死後、遺産のわけまえにあずかる権利を保障されている。日本では、妻は夫の死後は母として生きるほかはない。彼女は、あたらしい家長——といっても、つまり自分のムスコなんだが

——そのムスコのやっかいにならなければならない。ムスコにやしなってもらわなければならない。またしても深沢七郎氏にご登場ねがうが、「楢山節考」(註2)は、さん然たる文明をきずきあげた日本封建制の基礎にひそむ、奇怪なる逆説の表現だったかもしれない。ムスコがやしないきれなくなった母は、山にすてられなければならないのだ。おりんさんには、自分の飯米を確保するための、田畑のわけまえがなかった。

封建諸国の妻たちがねらったものは、財産のかわりに権力だったように、わたしはおもう。彼女たちは、財産を自分ひとりにとりこむかわりにイエの組織にのこしたまま、その家のなかに、妻としての権力を確立するために努力した。主婦権である。台所をきりまわす権利である。台所に関しては、亭主といえども発言権はない。男はそとをむけ。主婦権は妻がにぎっている。その権威は、しゃもじに象徴される。しゃもじをにぎるものこそは、家の主婦である。家庭のあるじである。嫡男のヨメといえども、しゃもじに手をふれることはできない。いよいよ、主婦権がつぎの世代にゆずりわたされるときには、それは、厳粛なるしゃもじわたしの儀式を必要とするのであった。日本のしゃもじは、わらぶきの農家で家刀自《いえとじ》が自家製のドブロクをかもした時代から、モデル・キッチンにステンレスのながしがさん然とかがやく現代にいたるまで、主婦権の象徴としての機能をうしなっていない。主婦連のおばさんたちのデモ行進をみよ。

(註1) 深沢七郎(著)「東北の神武たち」『楢山節考』一九五七年二月 中央公論社
(註2) 深沢七郎(著)「楢山節考」『楢山節考』一九五七年二月 中央公論社
なお、この本は文庫版がでている。
深沢七郎(著)『楢山節考』(新潮文庫)一九八三年七月 新潮社

女の主権

日本や西ヨーロッパにおける主婦権の確立は、人類の歴史にとって容易ならぬできごとだった、とわたしはおもう。
人類の家族制度の歴史は、なかなかひとすじ縄ではいかないようだ。はじめに原始乱婚制があって、母権制があって、父権制があって、というふうの単一な進化説で、おおいきれるものではないようだ。そんなふるいところはともかくとして、日本や西ヨーロッパ諸国は、中世以来、あきらかな父権制、父系制をもつ社会である。そんな強大な父権制のなかにあっても、女の権利がまったく無視されてよいわけはない。女たちは、自分たちの権力をうちたてようとするだろう。家において、女による権力機構をうちたてようとするであろう。つまり、母権制社会へのつよいかたむきをしめすだろう。男と女の、肉体的、あるいは心理的な傾向がちがう以上は、それぞれがこういう、自分がすきかってができるようなシステムへの傾向をしめすとしても、ふしぎではない。それはどちらかといえば、男と女がそれぞれにもつ、生物学的な傾向だといってもよいかもしれない。封建的な家族における主婦権の確立は、だから、男につごうのよい父権的社会において、女につごうのよい母権的社会をつくろうとする傾向が、妥協的な形態をとったものだとみることはできないだろうか。男の支配のなかに、女が一角を確保したのである。人類史上、容易ならぬできごとだった、というゆえんである。

主婦権の問題について、念のため註釈をくわえておくが、これは一夫多妻制のもとでは成立しない。主婦権は、母権の変形だとすれば、それは容易にわかる。そんな、自分と肩をならべるような、ほかの女の存在をみとめなければならないようなところで、どうして主婦権が成立するものか。どんなひろい台所でも、ふたりの主婦がはいれるほどひろくはない、という。そのとおりだ。主婦権はたったひとりの女に帰属するところの、台所の主権なのだから。ヨメ・シュウトメのトラブルは、封建的家族においては、まずまちがいなくおこる現象だが、あたりまえのことだ。しゃもじというものは、ふたりがいっぺんににぎろうとしても、にぎれるわけのものではない。

ところが日本も西ヨーロッパも、いちおう封建制はやめにして、いわゆる民主的な社会制度をとるようになった。市民社会の発展によって、女の権利は、大はばに拡張されてきた。もちろん、手をこまねいていてあたえられたものではない。はげしい闘争ののちに、それはしだいにえられてきたものである。ロシアや中国の女たちは、こういう歴史をふまないで、革命によって一足とびにそれ以上のところまでいってしまったようだ。

家族の解体

さて、現在の世界ではどういうことがおこっているか。主婦権というものは、父権に対する母権の、つまり、男の主権に対する女の主権の主張であり、その妥協的な形態であるといった。そこで、いま、現在進行しつつあることは、つぎのようなことだとおもう。女たちは、いま一歩をすすめようとしている。男の総合主権をみとめたうえで、家庭のなかに、妥協的に女の政権を確立したのだが、さらに一歩をすすめて、女の完全なる主権を確立しようとしている。女もまた主権者であろうと、努力しているところなのである。完全な男女平等の思想は、けっきょく、ここまでゆきつくほかはないだろう。それは当然のことだとおもう。具体的にいえば、女が主権者であるような家族の発生である。そういうものが、あらわれてもよい。またじっさい、あらわれつつある。亭主関白の時代は、すでにすぎさってしまったのだ。

それでは、女房関白の時代がきつつあるのだろうか。われわれの家族制度は、いまや母権制の時代にはいりはじめているのだろうか。それでは、男のほうがこまってしまう。男女の立場が逆転するだけで、男女の平等の理想はまたもうしなわれることになる。部分的にはゆきすぎて、そういう現象もあらわれるかもしれないが、全体としても、われわれの社会はそうはならないとおもう。女の主権はしだいにつよくなるだろうが、男の主権もまた、確立したままのこるであろう。

それではどうなるか。ひとつの台所に、ふたりの主婦がはいれなかったように、ひとつの家庭にふたりの主権者はいることはできない。主権者はつねに、ただひとりでなければならない。すると、家庭というものは、男と女との、主権あらそいの場になってしまうが、どうだろうか。わたしは、やはりそうなるほかないとおもう。そして、そのあらそいをさけようとするなら、人間は、もはやこのほこるべき伝統にかがやく一夫一妻的家族を解消するほかない。完全な男女同権へのつよい傾向は、必然的にわたしたちをそこへみちびいてゆくであろう。

具体的には、どんなことになるのだろうか。男を主権者として、それに子どもを配する男家族と、女を主権者として、それに子どもを配する女家族とが、ときに応じていろいろな組みあわせによって臨時の結合をする、というようなことにでもなるのだろうか、わたしにもよくわからない。

現代の文明の傾向としては、世界じゅうが、厳格な、かつ永続的な一夫一妻的家族だけを目標にしてすすんでいるようだし、すべてのモラルも、それをかためる方向にばかり強調されているようだけれど、それは見かけだけのことだ。じっさいには、むしろそういう家族の解体の方向にわれわれはすすみつつある、ということだけは、いえるのではないだろうか。女の力は、そこまでこなくてはとどまらない。よけいなことをつけくわえるようだけれど、それはそれで、もちろんすこしもさしつかえないとわたしはおもうのである。

アフガニスタンの女性たち

解説

前項の解説にしるしたように、わたしは一九五五（昭和三〇）年にアフガニスタンを旅行した。そのときの見聞をいろいろなところにかきしるしているが、ここにかかげる文章もそのひとつである。(註) 発表日は前項の「女と文明」よりも、このほうがはやい。内容的にも、ここにしるしたものが前項の材料の一部になっている。ここに収録するにあたっては、題名を変更した。

（註）梅棹忠夫（著）「アフガニスタンの旅」『水曜』四月号　八―九ページ　一九五六年四月　大丸大阪店宣伝部文化課

男ばかりの都

世のなかに、どこが殺風景といっても、ここほど殺風景なところはみたことがない。アフガニスタンの首都、カーブルのことです。その都の市民には気のどくないいぐさだけれど、ひと月ばかりの滞在の、これがいつわりのない感想でした。ここは男ばかりの都なのです。

カーブル市。アフガニスタン王国最大の都会。人口一五万。ただし、この数字には女をふくまない。カーブルを男ばかりの都とよぶゆえんです。おどろいた話だ。もちろん、女がいないわけではない。人口調査の対象にはならない、というだけのことです。

いったいどういうことなのか。外国人のわれわれには、もうひとつなっとくしがたいところがあります。女は人間あつかいしません、ということなのか。あるアフガニスタン人の友人は、女は家畜とおなじです、といいました。男の所有物、数の勘定もおことわり、ということなのか。わたしは、この近代化されたインテリの、自国の風習に対する自嘲的表現を、そのままことばどおりにはうけとりませんけれど、女の立場に、どうやら日本とは格段のちがいがあるらしいことは、感じないわけにはゆきませんでした。

四人の妻

いちばんちがうのは、妻のありかたです。日本では、ふたり妻といえば、ひとりの紳士を社会的にほうむりさるにいたるほどのスキャンダルになる。ところが、アフガニスタンでは、四人まではおおっぴら。これはこの国ばかりでなく、イスラーム諸国一般の風習であるようです。パキスタン国の首相は、先年ふたり目の夫人をむかえました。さすがにこれは問題になって、近代主義の立場にたつ進歩的婦人層からは、こっぴどく批判をうけたようです。論争が一年もつづいたらしい。

四人までよろしいという話をすると、日本の紳士たちは、やあ、それはうらやましい風習だ、とたいていはもうします。ただし、みんなに平等の満足をあたえなければならないそうだ、とつけくわえると、これはちとむつかしい、ということになる。むこうでしりあったさるお役人、三人の夫人がありました。そのひとに、三人の奥さまのもちぐあいをききますと、いや、はたでみるほどよいものじゃあないと。だいいち、お金がかかる。それから、家のなかでしょっちゅうもめて、仲裁に頭がいたい。

しかし、むこうの男性たちも、観念的には一夫多妻がすきのようです。いろんな論拠で、一夫多妻制を弁護する人たちに、いく人もあいました。一夫一婦か一夫多妻か。そんなことは要するに、ことなる社会のことなる風習にすぎないので、道徳の立場からは水かけ論になりそうだ。ただ近代社会では、けっきょく一夫一婦制のほうが、経済的にも精神的にも安定している、とあらためておもいました。この国も近代化の方向へすすんでゆく以上は、いつかはこの問題にたちむかわねばならないときがくることとおもいます。

はたらく女

いまでこそ、日本ではおどろくべき多数の女性が、社会にでてはたらいている。しかし、ほんのひとむかしまえでは、女の職場といえば、ずっとかぎられていました。アフガニスタンでは、それどころではないのです。お手つだいさんに類するものはあるらしいが、そのほかには、まずまず女の職場はありますまい。食堂へいっても、ひげをはやしたいかめしいボーイがサービスします。女店員というものもありません。百貨店でも――いや、そもそも百貨店などというものが、この国には存在しなかった。

女優というものもないので、芝居は日本の歌舞伎のように、おやまです。歌姫というものもない。ラジオで――カーブルには放送局があります――女の声で歌を放送しました。それは、歌のじょうずな女性の家まで、放送局員が出張して、テープにとってきたのだそうです。バレリーナなんて、とんでもない。女が顔やからだの線を人目にさらすなんてことはまったくないので、頭からすっぽりと、袋をかぶっています。それをチャドリーといいます。

しかし、ここでも近代化は進行しているようです。わたしは、あきらかにはたらいているふたりの女性をみました。それは、国連が指導しているモデル農村の、診療所につとめている看護婦さんでした。しかもふたりは、診療所のなかでは、チャドリーをぬいではたらいている。チャドリーをぬいだ女性労働者の出現は、おそらくはアフガニスタン女性史における革命的事件であったにちがいない。

女学部

女の職業には、もうひとつあります。それは、学校の先生。学校はどうやら徹底的に、男女別学らしい。クラスが別どころか、学校がちがうのです。だからもちろん、男の学校では男の先生がおしえ、女の学校では女の先生がおしえる。

日本のむかしとおなじで、女には教育はしないのがふつうですが、女のインテリもいることはいます。カーブルには、女子高校がいくつかあり、ほかに国立の大学がひとつあります。そのなかに、文学部、神学部、理学部などとならんで、女学部というのがある。もちろん女学などという学問をおしえるわけではないけれど、要するに高等教育をうけたい女性のために、大学が門戸をひらいているのです。共学をみとめない以上は、女学部というのはもっともな解決でした。学生は、だいたい上流の子にかぎられているようです。

女子学生たちは、さすがにはつらつとしています。女子学生たちも、やはりチャドリーを頭からかぶっていますから、顔や服装はみえません。チャドリーというのは、目のところだけ、寒冷紗《かんれいしゃ》のようなうすい布になっている。中からは外がみえているけれど、外からはよほどちかよらないと中はみえません。学校のひけどきなど、すれちがいざまに、わかわかしいおしゃべりの声がぴたっとやんで、くろい紗のなかから、いたずらっぽい瞳がきらきらかがやいて、いっせいにこちらをむくのがみえることがある。わたしは、そういうときにだけ、チャドリーのなかに生きてうごく人間を感じ、近代化へのつよい欲求を感じるのでした。

花ひらくとき

チャドリーは、われわれ外国人には、やはりひどく非人間的な印象をあたえます。

どの女もこの女も、みんなおなじかたちになってしまうのですから。その色が、また、どういうわけか、みんなにぶい、さえぬ色なのです。青、褐色、緑など、気をつけてみるとかなりのバラエティーはあるのに、なんだかみんな灰色のような印象をうけるのです。それでもまだ人目をさけるようなかっこうで、道のわきを、ぽつりぽつりとあるいている。しらぬひとなら、これが全人口の半分をしめるところの女性であるなどと、どうしておもえるものですか。カーブルの町が男ばかりの町だといったのは、景観的にもただしいのです。女らしき姿はみえないのだから。

しかし、やっぱり女性です。その灰色のしたに、じつは、はなやかな色どりがかくされている。チャドリーのすそから、ときどきはでなスカートがちらりとみえたりします。そして、じつはそのチャドリーのしたに着るものにこそ、それはそれでちゃんとファッションがあるのだとききました。女だけのあつまりでは、みんなチャドリーをぬぐのですから。

チャドリーは、もともとはイスラーム諸国一般の習慣でしょうが、すでにトルコやイランではぬぎました。パキスタンでもすくなくなってきています。アフガニスタンは、まだかたくなにこれをまもっているのです。これもまたひとつの文化であり、習慣である。ゆきずりの外国人のわれわれが、かんたんにそのよしあしを批判することはできません。しかし、この国が近代化の道をあゆみつづけるかぎり、カーブルの女性たちも、いつかはチャドリーをぬぎすてる日がくるのではありますまいか。

たまたまその日に、またこの町に滞在していて、それをみることができたら、どんなものでしょう。灰色の袋のしたには、すでにあでやかな色どりが用意されているのです。おおいがいっせいにかなぐりすてられたとき、カーブルの町はいっときに百花りょうらん、殺風景どころじゃない、たちまち花園になります。なんともたのしい空想なんだが。もちろんそのとき、もっとほんとうによろこぶのは、外国人のわたしたちなんかではなくて、おなじこの町にすむ、この国の青年たちであるはずです。

追記

その後の情報によると、アフガニスタンでもついにチャドリーはぬぎすてられたということである。イランではホメイニ師による一九七九年のイラン革命で、また復活したようである。

タイの女性たち

解説

一九五七（昭和三二）年から五八年にかけて、わたしは大阪市立大学東南アジア学術調査隊の隊長としてタイ、カンボジア、ベトナム、ラオスの諸国を旅行した。そのときの旅行記は『東南アジア紀行』として公刊されている。（註）

そのときの経験にもとづいて、タイの女性についてしるしたのがこの一文である。これは、一九五八年に帰国後まもなく『婦人公論』のもとめに応じてかいたものであるが、どういうわけか誌上には掲載されなかった。本文中にもしるしたように、日本の読者はアジアの女性には興味をもっていないと編集者は判断したのかもしれない。その後、この原稿は行方不明になっていたのだが、一〇年ほどたって、同誌編集部のどこかの机の引きだしにかくれていたのが発見されて、わたしの手もとにもどってきた。それには原稿指定の赤がはいり、出稿寸前の状態になっていた。ここに採録することによって、この文章ははじめて日の目をみるわけである。

（註）梅棹忠夫（著）『東南アジア紀行』一九六四年五月　中央公論社
この本には、つぎの文庫版がある。

梅棹忠夫（著）『東南アジア紀行』（上・下）（中公文庫）一九七九年六月　中央公論社〔「著作集」第六巻『アジアをみる目』所収〕

昨年の秋以来、東南アジアの旅をつづけて、このほどかえってきた。そのときの見聞にもとづいて、この地方の女性のことをしるしてみたい。旅行した地域は、国でいうと、タイ、カンボジア、ベトナム、ラオスの四カ国になる。それに、かえりにはペナンとシンガポールにたちよった。ここでは、さしあたりタイの女性に話題をかぎっておこう。ほかの国ぐにには、それぞれ国情も文化的伝統もちがうし、その女性の生活も特色があるのだが、それについては、またいつか、かく機会があるかもしれない。

うっとうしいアジア

さて、わたしがタイの女性についてかこうとおもう、といったら、あるジャーナリストの友人は、そんなことはやめたほうがよい、と忠告してくれた。なぜかときくと、日本の女性の読者というものは、自分の生活に直接の関係がないかぎり、外国の女性がどんな人たちであり、どんな生活をしているかなどということには、およそ興味をもっていないものだ、という。わたしは、わからないなりに、そんなものかなとおもった。

しかし、日本の女性が外国の女性の生活にまったく興味をもっていないというようにもおもえない。「アメリカの婦人たち」とか、「フランスの女性」などという記事は、雑誌でもちょいちょいみる。やはりよむひとがあるのだとおもう。それとも、ああいう記事は男性がよむのかしら。

アメリカやフランスはともかく、タイじゃだめなんだ、という。これはどういうことだろう。いや、べつにタイとはかぎらない。タイについて、なにかはっきりしたイメージがあるわけではない。なにかわからないから、十ぱひとからげに、東南アジア、あるいはアジア一般の観念のなかで処理してしまうのである。アメリカやフランスなら、うつくしさがあり幸福がある。つまりよんでたのしいということだ。アジアはいけない。アジアの話といえば、いつでも、ぼろぼろの着ものをきて、食べものがなくて、ひどい役人や地主がいて、おやじが横暴で、子どもがたくさんで、家がちいさくて、お金がなくて、とにかくろくな話はない。つまり、アジアの話はいつでもしみったれて、うすぎたなくて、うっとうしいのである。アジアの話には、いつでも、あるくらさがまつわりついているのである。読者は、題名をみただけで、アジアのうっとうしさを直感的に感じてしまって、よもうとはしないのではないだろうか。出版のほうでも、「アジアの何々」という題名の本は、だいたいにおいて売れないそうである。

顔はくろい

バンコク上陸の第一印象をいうと、まことにかわりばえがしない国だということだ。いっこうにエキゾチックでない。女性風俗に話をかぎってみても、だいいち、女性の顔が、日本のどこかでみたような顔ばかりである。美人はさっぱりいないけれど、顔の系統としては、だいたいは日本人とたいしてちがわない。しかし、だからといって日本人の祖先は南方系だなどとかんがえる必要はないので、かれらもまた、日本人とおなじく、人種的には、モンゴロイド系に属しているというにすぎない。

骨相はともかくとして、色はちがう。インド人ほどではないにしても、かなりくろい。くろいというよりは、日やけした色だ。これだけ熱帯の直射日光にてりつけられたら、だれでもくろくなる。タイ人だって、うまれたときはもうすこししろいのではないだろうか。バンコクのある日本人の店につとめているタイのお嬢さん、二年ばかり日本に留学してかえってきた。そのときは、とても色白になってかえってきたが、まもなく日にやけて、もとの色になったということだ。

じじつ、わたしが日本にかえってきたときの最初の印象は、日本人とはなんと色がしろい人びとだろうということだった。しろい、つきたてのおモチのような女性がおおいのにびっくりした。東南アジアには、いわゆる白人もたくさんきているが、かれらはしろいというより、むしろあかい。

ブラウスにスカート

服装だって、いっこうに特別のものがない。町でみる女性は、だいたいにおいて洋服である。ブラウスにタイトのスカートというきまったスタイルで、わかいひとはハイヒールもすくなくない。つまり、ごくふつうの、世界じゅうどこでもみられるところの、都会風俗なのである。オッパイまるだしなんて、とんでもない話だ。だれだろう、わたしにそんな想像をさせる種をうえつけた犯人は。

わたしはまた、どこかで、タイの舞姫の写真をみたことがある。肩のところでピンとはねあがった金色《こんじき》さん然たる衣装をつけて、たかい尖塔のついた帽子をかぶっていた。オッパイまるだしと矛盾するようだけれど、いっぽうでは、頭のどこかにそんなイメージがのこっていて、東南アジアの特色ある王国の風俗というふうな、航空会社の宣伝パンフレットにでてきそうな幻想をいだいていたとすれば、それはわたしがあほうというものだった。日本の舞妓の写真をみて、日本の女性の風俗を想像するようなものだ。バス・ガールがふり袖をきていないからといって、そんなことは日本の女性の責任じゃない。タイの女性が、ブラウスにスカート姿であったとしても、それは当然の話だったのだ。うごいているのは、日本だけではない。世界じゅうがうごいているのだ。その速度の、はやいおそいはあるけれど。

近代化の指標

さて、さきほどの課題であるが、タイの女性はパーマネントをかけているだろうか。それは、かけているのである。それも、おどろくべき程度にかけているのである。バンコクはもちろん、地方都市でも、ずいぶんのいなか町でも、山のなかの村でさえも、パーマの女がいるのである。

ただし、現在の日本にみられるゆるやかなウエーブではない。戦前にはやったいわゆるスズメの巣である。ちりちり、くしゃくしゃのやつである。

日本人の髪の毛をくろいというけれど、そんなのは、タイのひとにくらべたら、赤っ茶けてうすいものだ。タイの女性の黒髪ときたら、ほんとにくろい。顔もくろいけれど、髪の毛にまで、からだ全体にメラニン色素がおおいのだろう。そのまっくろの髪がちぢれているのだから、全体として、膨大な容積にふくれあがる。ただでさえあついのに、みるからにあつくるしい。

パーマをかけているかどうかなどということに、わたしがいくらかでも興味をもっているのは、それが、やはりある意味で、この国の近代化のひとつの指標にもなり、またここの社会の人たちの、近代化への身がまえかたのあらわれである、とおもうからである。単なる流行だ、ともいえるけれど、流行というものが全国的規模において存在し、いなか娘をもかりたてて、町のパーマ屋にかよわせているという事実は、やはり重要である。いちおう、いなか町まで小規模の火力発電が普及したという物質的な基礎条件のほかに、精神の面においても、たえずながれてゆくそとの世界のうごきに注目し、きき耳をたてようという、人びとの基本的な姿勢が、ここにはあらわれていると、わたしはおもった。

はだし

なんだかいっこうにタイらしい話にならないのだが、もちろん、日本とくらべてなにもかもにているというわけではけっしてない。独特のもの、日本にはないものもたくさんある。にているというのは、いわば風俗の表面においてにているのであって、その背後にあるものをたぐりだせば、ちがいはいくらでもでてくる。とくに、現状にいたるまでの経過には、たいへんちがう点がたくさんあるようにおもう。

たとえば、洋服をきている女のひとがおおいということだって、日本とタイではずいぶん意味がちがう。日本では、あの優美で運動のしにくい和服という伝統があって、そのうえで、伝統の抵抗を排除しつつ、それからの解放というかたちで洋服がはいってくる。日本の女性における洋服の普及は、女子工場労働者の増加ということと関係があるとわたしはかんがえているのだが、タイには、女工さんなんて存在しない。だいいち、はたらくにも工場がない。

タイにも伝統的な服装がないわけではない。バンコク市内でも、よくみると、洋装とはいえない女性がずいぶんいる。ところが、あまり目だたないのは、それ自身が洋装とたいしてかわらないからだ。ブラウスとスカートからできている。スカートは、おおきな円筒形で、なかにからだをいれて、あまった分を折ってはさんでおく。これなら、洋装に推移するのは、きわめて自然であっただろう。もっとも、洋服のスカートとちがうところは、水浴のときに、これはぬがずに、そのままジャボンと水にとびこむ。

むしろ、女性風俗の近代化の過程において、かなり抵抗がつよかったのは、靴の採用だったのではないか。チェンマイで、元旦に、娘さんたちが坊さんにお布施の食べものをあげるのをみた。みんな近代女性なんだが、さっさと靴をぬいで、はだしになった。もともとがはだしなのであろう。だから、いまでもあらたまると、はだしになる。

男女共学

わたしは、タイの女性の外形についてかたりすぎたかもしれない。すこし、内面のことにふれてみよう。

学校は、ずいぶん片いなかまで、たとえ木の葉ぶきの小屋がけであるにせよ、とにかく存在する。草ぼうぼうのひろっぱと国旗掲揚柱があり、先生がひとりいる。おおきな街道にそっては、もっとりっぱな堂々たる学校がたくさんある。たいていは、できた年代があたらしいようだ。教育はいま、ひじょうないきおいで普及しつつある。もちろん男女共学である。わたしのしるかぎりでは、中学も、高校も、大学も、男女共学であった。

かれらは、見うけたところ、きわめて自然にこの制度をうけいれているようだ。この国の男女共学という制度は、近代化の結果というよりは、なにかはじめから当然のこととしておこなわれていたのではないかとおもわれるふしがある。たとえば、わたしは政府でつくった教育制度の現状と歴史というような文書をよんでみる。そこには、男女共学に関しては、歴史も、是非も、ひとこともふれていない。男女共学ということばさえでてこない。この国では、男女をべつべつに教育する、あるいは女は教育しない、などということは、おもいもよらないことなのかもしれない。

教育というものは、はじめから男女共学なのであって、もし近代化の結果というこ とがいいたいならば、現在の学校制度そのものが、近代化の結果であるにすぎない。男女共学をもってひとつの近代化のしるしとかんがえ、そのはじまりをもって、旧秩序の崩壊とみる見かたは、日本においてなら通用するけれど、ここではなりたたぬのではないだろうか。

女子学生

バンコクのチュラーロンコーン大学は、タイにおける唯一の総合大学であって、もちろん国立である。わたしは、用事があって、しばしばそこをおとずれた。ひろい構内には、学生たちが、木かげに腰かけておしゃべりをしたり、ぶらぶら散歩したりしている。その印象は、日本の大学とたいしてかわりはない。

ただ、印象が日本の大学とちがう点は、女子学生がたいそう目だつことだ。はなやかだから目だつのではない。服装からいうと、タイの女子学生の服は、おそろしく地味である。白のブラウス、黒のスカートと、きまりきっている。それは、やぼでさえある。目だつのは、その数がおおいからである。印象からいうと、半分くらいは女子学生のような気がする。

理学部の動物学教室へいった。ちょうど解剖学実習をやっていた。台のうえに解剖したウサギがひろげてあって、わかい先生がひとり、熱心に説明していた。そして、その血だらけの動物をとりまいて、一〇人ばかりの学生がいたが、おどろいたことには、その大部分が女子学生なのだ。こんな血なまぐさい学問を、よくも女の子がやるものだ。

動物学のクルム教授のいうところによると、毎年、女子の入学がおおすぎて、じつはこまるのだという。研究員がいま五人いるが、四人まで女である。わたしは、わたしの調査隊のために、ここの研究室からひとり参加してもらおうとおもってきたのだが、なにしろ山のなかでのそうとうの荒仕事だ。女性をつれてゆくことはやはりまずいだろう。クルム教授は、たったひとりの男性の研究員をとられるのはつらいのだが、といいながら、けっきょくそのひとをだしてくれた。

女の能力

理学部と文学部は、とくに女子学生がおおくて、毎年の入学者の八割までは女だという。建築学部などは別として、ほかの学部、たとえば芸術学部、教育学部などもおおい。全体として、半数以上は女だろうということだった。どうも、これはまるで、予想もしなかった事実である。いったいどういうことなのか。

チュラーロンコーンは一流大学であって、学生は上流の子女がおおい。花嫁学校のつもりで、お嬢さんたちがあそびにきているのだろうか。ところがなかなか入学試験がむつかしいのだという。やはり一流高校をでて、成績優秀でないとはいれない。志願者は五倍くらいあるという。はいってからの成績はどうかときくと、それが、やはり女子がたいへん優秀なんだ、といった。すると、この現象はやはり、タイにおける女性の知的能力のたかさによるものとかんがえなければならない。

話を知的能力にかぎる必要はないのであって、わたしは、タイの女性は一般的にひじょうに有能なんだとおもう。都会においても、どこの事務所にも、じつにキビキビした女の子がいる。官吏だって、女の官吏がたくさんいるので、ちゃんと制服をつけたところなんか、さっそうたるものだ。男を指揮して、どんどん仕事をすすめている。この国には、女が有能でありうるような文化的伝統が存在するのだ。

農村においても、女のはたらきは目ざましい。水くみ、炊事、子どもの世話といった日常の家事のほかに、田んぼにでては男とおなじようにはたらくし、自家製の葉巻も、男とおなじようにふかしている。

レディー・ファースト

この国では、女の能力がたかいことをいうまえに、女の社会的地位がたかい、ということを強調しなければならないのではないか。日本なんかとくらべると、女はたしかに尊重されている。そして、しばしば一目おかれているようにもおもえる。かなりの程度に、レディー・ファーストなんだ。

わたしたちは、バンコクで、第九回太平洋学術会議に出席したのだが、そのとき、こういう話をきいた。第八回は、数年まえにフィリピンのマニラでひらかれたのだが、そのときの出席者の話である。

パーティーのときに、主催者側のフィリピンから、関係者の家族やら知人やら、おそろしくたくさんの女性がやってきたそうだ。そして、この国では万事アメリカふうに女尊男卑だから、女がなにごともさきにやる。それで宴会のごちそうをすっかり現地の女性連中がたいらげてしまって、外国からのお客さまにはなにものこらなかった、というのである。

ところで、こんどはタイである。会議がすんでから遠足があった。そのときやはりたくさんタイの女性がやってきた。みんな予定外の人たちだったようだ。そして、お弁当をすっかりさきにもっていってしまった。接待役は王国海軍であったが、将校たちは、自分たちの分がなくなってしまって、朝からなにもたべていないのだといって、閉口していた。わたしは、さきのフィリピンの話をおもいだして、おかしかった。おなじことじゃないか。

フィリピンなら、ながいあいだアメリカの植民地だったのだから、アメリカ的女尊男卑をみならって、女性がいばっているのだという説明がつく。しかし、タイはアメリカの植民地であったこともないし、一般的風習としてそれほどアメリカナイズしているわけではない。それにもかかわらず、タイでは女性がつよいのである。タイの女性は、なぜつよいのだろうか。

理由の考察はあとでするとして、もうひとつ例をあげておく。タイは、戦前から、日本にかなり数おおくの留学生をおくっている。そして、そのうちのそうとうの数が、日本の女性と結婚してかえっているようだ。日本へ留学して、日本の女性を妻とすることは、現代のタイのわかいインテリの理想のひとつだ、とまでいうひとがある。どういうわけだ、それほど日本の女がよいのかときくと、それはたしかに国際的評価のとおり、日本女性はすばらしいのだが、そのほかに、タイの女性と結婚すると、細君のまえでは男はいつも頭があがらないので、どうもおもしろくないんだ、という。タイ人がいうのだから事実だろう。

母系社会

家庭のなかにあってもそとにあっても、タイでは、女の社会的地位がたかいのである。日本も、いまではかならずしも女の地位はひくいとはいわないけれど、それは、ながいあいだの労苦のすえに獲得された地位である。封建社会における忍従の生活から、女工哀史の時代をとおって、はたらく女性のたえまのない努力によって獲得された地位である。いわば、日本の女性は、つながれていたくさりから、解放された女性である。タイの場合、わたしはどうも、女性がくさりにつながれていたことがあったかどうか、うたがわしいとおもうのだ。

そのちがいはどうも、社会制度の歴史のちがいにもとづくのではないか。タイにはもちろん、日本のような封建制度はなかった。長男が、いっさいの父の財産とともに家長権を相続するというような、封建的家族制度も発達しなかった。ここは社会人類学的には双系社会であるといわれている。日本も多少その傾向はあるが、タイははるかに母系的傾向がつよい。

チェンマイで、わたしたちがとまっていた家は、なかなかの物もちだったが、ひろい敷地のなかに、しっかりした建物が三棟ある。それぞれ所有権がちがうが、みんな細君どうしがキョウダイである。つまり、先代が、三人の娘のために、それぞれとなりあって家をたててやった。娘たちは、そのなかへそれぞれの夫をむかえいれた、というわけだ。

しらべてみると、こういうケースはいくらでもある。女が家を相続し、男がそこへとついでくる。逆の例もあるから、いちがいに母系社会であるなどとはいえないが、要するにどちらでもよいのである。男であるとか女であるとかが、それほど重大なちがいでないような、そういう社会なのだろうと、わたしはおもった。

じつは、物質文化についてもそうおもわれるふしがある。着ものは、いまでこそ男はシャツにズボン、女はブラウスにスカートというふうにちがってきているけれど、もともとむかしの服装は、男女ともまるでおなじなのだ。形ばかりか、色まで、黒と白で、おなじである。

もっと奇怪なのは、女のザンギリ頭である。これは、中部タイでは、中年以上のひとにはいまでもいくらでもみられる。女が、角刈りに刈りあげてしまっているので、男か女か、まるでわからない。

なにか、ここの文化では、男と女という性の区別が、生物的な意味以外には、社会的・文化的には、あまり意味をもたないのではないか。へんな仮説だけれど、そういうこともありうるとおもう。逆にいえば、われわれの文化は、性のちがいをことさら重大に意識して、そのうえに展開した文化である。近代における女性の解放とは、そういう性の文化的差別感の克服の過程にすぎないのではないか。わたしの仮説がただしければ、タイの場合は、はじめから問題が存在しない。

肩すかし

アジアの女性といえば、わたしたちはとかく、ひくい社会的地位、ひどい労働、そのほか非人間的なくらさを想像しがちである。しかし、タイはどうもそういう公式があてはまらない国のようだ。タイの女性は、くらさがない。

女性問題にかぎらず、タイという国はなにかしらケロリとしたところがある。タイといえば汚職を連想するくらい、タイの政界の腐敗は有名だけれど、それにもかかわらず、タイの民衆はくったくがないし、その生活は安定している。インドや中国のようなくらさがない。

わたしたちには、近代化というものは、なにごとにかぎらず、たいへんしんどいものだという頭がある。ひじょうなエネルギーをもって、なにごとかを克服しなければできないものだという感じがある。わたしが、タイにきてまなんだことは、条件しだいでは、またある種の事象にかぎっていえば、いともらくらくと近代化が進行することもありうるのだ、ということであった。あるいはこういうところでは、近代化ということ自身が、わたしたちの社会におけるほど、おもおもしい意味をもたないのかもしれないとおもった。全体の印象をかんたんにのべると、わたしは、この国をおとずれて、いくらか肩すかしをくったような感じがしたのである。

家庭の合理化

解説

一九五八（昭和三三）年ごろから、わたしは家庭論とくに家事論に興味をもって、いろいろなことをかんがえたり、友人と議論をたたかわせたりした。一九五九年の一月には、あたらしい家庭のありかたについてのエッセイを『朝日新聞』紙上に連載したりしていた[註]。それはさまざまな反響をよびおこした。その反響のひとつとして、朝日放送（ABC）から放送原稿の依頼があった。「奥さま お耳をどうぞ」という番組で、主婦の家事労働に関するエッセイをかけというのである。わたしは多少挑発的でコミカルな文章をかいて、原稿をわたした。原稿はアナウンサーによって朗読され、放送は五回にわたっておこなわれた。放送用の台本によると、放送日などはつぎのとおりである。

第一回「レクリエーションと自己破壊的論法について」四月二八日
第二回「元旦の巻紙とカード・システムについて」四月二九日
第三回「奥さまの病気と発明の才能について」四月二九日
第四回「月給袋と経営学的感覚について」四月三〇日
第五回「奥さまと官僚とダライ・ラマの亡命について」五月一日

台本が保存されていたので、ここにその全文を収録した。

（註）梅棹忠夫（著）「新しい家庭づくり」（全二〇回）『朝日新聞』一九五九年一月三日—二月一四日

レクリエーションと自己破壊的論法について

わたしは、家庭の雑用をするのがすきである。庭のそうじをしたり、部屋をかたづけたり、風呂をたいたり、料理をしたり、どういうものか、洗濯だけは手をださないが、そのほかのことは、ひととおりなんでもする。

細君おもいの家庭的な亭主だ、などと誤解されてはこまる。女房の仕事を手つだって、すこしでもらくをさせてやろう、などというつもりはない。すきだからやっているのである。いやなときには、たのまれたって、やりはしない。

家事みたいなものがなぜすきなのか、というと、とりとめない雑用をしていると、頭のやすまるおもいがするからだ。日ごろ、理づめの緊張した生活をしていると、きにこういうことをやってみるのが、たいへんよい。一種のレクリエーションである。

なにかのアンケートをみていたら、おなじ意味のことをいっていたひとがあった。

友人にきいてみても、なんにもしないぶしょうな亭主族もあるけれど、わたしのように、家事をたのしんでいるという男も、あんがいおおいことをしった。

女房族にいわせると、「たまにやるから、そんなのんきなことをいっていられるので、毎日のこととなると、頭がやすまるどころか、頭がいたくなります」という。彼女らにとっては、レクリエーションどころではないという。苦労を強調することによって、女房というものの存在のとうとさを確認させようというわけである。

しかし、ご婦人連中にはお気のどくながら、この論法はまったく自己破壊的である。つまり、天にむかってつばをはくたぐいだ。これから、そのわけを説明する。

たまにやるからレクリエーションにもなるのであって、毎日だったらたまらない、という。そうだ、そのとおりだ。こんなばかばかしい労働を、義務として毎日やらされたら、まったくたまったものではない。女たちは合理化しようともしないで、そういう生活をよくも毎日つづけられるものだ。同情しているのではない。女というものの無神経さに、あきれているのである。

まったく、家事というものは、おたがいになんの脈絡もなく、前後になんの論理的連関もない。全体のシステムもでたらめなら、ひとつひとつをとっても、おどろくばかりの不合理さである。なんのためにこんなばかなことをしているのか、理解にくるしむことがおおい。女は、生活の不合理さをたのしんでいる、としかおもえない。しかし、それなら、家事というものは、女にとってもやっぱりレクリエーションの連続だ、ということだけである。

家事きりまわしの不合理さかげんをつつかれると、細君はかならず、「では、もっとうまくできるものなら、あなたがかわりにやってごらんなさい」とくるものだ。できないのを見こしているのだが、できないのは、ほかの仕事でいそがしいからできないのであって、能力がないからできないのではない。おおむね、男がやれば台所はたちまち合理化されるであろう。なにごとによらず、合理化ということは男の趣味になっているのだから。

しかし、そのかわり、家庭のなかをすっかり合理化してしまったら、男は、はじめにいったような、レクリエーションとしての家庭の雑用のたのしみをうしなうことになるはずだ。女の不合理のおかげで、男もたのしめているのだったら、男の論理も、また、ときには自己破壊的である。

元旦の巻紙とカード・システムについて

男というものは、ひとつの職業をもっているかぎり、いつでも頭をつかって、あれこれとかんがえているものである。それにくらべると、家庭の主婦なんていうものは、まったくのんきなものだ。毎日の家事労働といっても、たいていは機械的に手足をうごかしていたらすんでしまうようなものばかりで、ほとんど頭をつかうこともなさそうである。

こんなことをいうと、きっと家庭婦人から反撃がくるだろうとおもう。たとえば、「毎日の食事をなににするか、その献立をきめるのに、どれだけ頭をなやますか、わからないのですか」といわれるだろう。

しかし、わたしどもからみると、だいたい、そんなことに頭をなやます、ということ自体がきわめてふしぎなのである。そんなこと、そのつどかんがえたりするから、やっかいなのであって、あらかじめスケジュールさえつくっておけば、なにも頭をなやますことないじゃないか。

わたしのしっている例で、こういうひとがある。あるお店の老主人だが、毎年、正月の元旦に筆をとって、その一年間の食事の全スケジュールをつくるのである。巻紙に、墨痕あざやかに、三六五日、朝昼晩の分をぎっしりとかきこむ。

じっさいは、そのときのつごうで、いくらか予定からはずれることもある。それはそれでじっさいにたべたものを、べつに記録しておくのだ。翌年の元旦には、それを参考にして、またあたらしい年のスケジュールをくむ。

もうひとつ、これはずっとわかいひとの例だが、こういうのがある。そのひとのいうことは、なかなか理論的なのだ。まず、食事の内容を分析すると、たいていは肉か魚か、野菜である。野菜は毎日たべるとして、料理は毎回、肉か魚かのどちらかを主体とすることにきめる。

そして、毎週の予定表には、それぞれをわりあてる。肉屋、魚屋の休日はわかっているから、その日は自動的にどちらかにきまる。

そこで、魚料理、肉料理の内容なのだが、それも無限に種類があるわけではない。

このみの料理というものは、あんがいすくないものだ。

それをカードに記入する。材料から、味つけのこつまでかいてある。それを、数種類に分類して箱にいれておいて、毎日順番にそれをとりだせばよい。こうしておけば、なにもかんがえることはないではないか、というわけだ。

しかし、ここでひとつ問題があるのだが、さきの元旦の巻紙の老人も、カード・システムのわかいひとも、どちらも男のかんがえだ、ということである。女のひとから、こういう合理化の話はきいたことがない。こういうのは、いかにも男性的な発想法なのかもしれない。

けっきょく、女のひとは、毎日格別かんがえることもないので、毎日の食事をなににするか、などというところに、もっぱら頭をつかうことにしているのにちがいない。男はほかにいっぱいかんがえることがあるので、こういうことにも、すぐに思考のエネルギーを節約する方法をかんがえたがるものなのだ。

奥さまの病気と発明の才能について

台所というものは、もともと女のもち場である。主婦は、亭主が台所にたちいって、なんやかやいうことをこのまないし、男のほうも、できあがった料理についての文句はいうけれど、台所の経営ぶりについては、タッチしないのがふつうである。

しかし、ながい夫婦生活のあいだには、いろいろなことがおこる。細君が病気で寝こんだりすると、やむをえず男が台所仕事もしなければならないこともでてくるのである。こいつはまったく閉口だ。女房に寝こまれるほどやっかいなものはない。台所仕事を三日もやれば、たいていの男は悲鳴をあげる。

そこで、「奥さまのありがたさをおもいしったでしょう」ということになれば、めでたしめでたしなのだが、なかなかそうはうまくゆかない。たまに台所ではたらかされて男が感じるのは、ふつうは、女の苦労ということよりもさきに、台所仕事の不合理ということなのである。よくもこんな不合理なやりかたを、改善しようともしないで平気でやってゆけるものだ、というおどろきなのである。けっきょく、奥さまのありがたさどころか、女房批判のタネができただけだ。男というものは、なかなか女につごうのよいようにはかんがえてくれないものである。

食事の用意もやっかいだが、あとかたづけがもうひとつたいへんだ。男は、ごはんがすんだらそれでおしまい。女はそれから皿あらいである。せっかく食後のくつろぎをたのしもうとしても、あとかたづけのことをおもうと、ゆううつになってしまう、というのが、おおくの主婦の実感のようである。

お気のどくだとはおもうが、それも、なんだってそんなばかばかしい苦労をつづけているのだろうか、といいたくなる。皿あらいの苦労をかるくするために、主婦たちは、本気になって、なんらかの改善策、あるいは合理化のこころみをやってみているのだろうか。

たとえば、わたしならこうかんがえる。まず、あらう皿の数をへらす。子どもは毎日お子さまランチだ。長円形のお皿に盛りあわせ、よごれるのは、一回にお皿一枚ですむ。つぎにあらう回数をへらす。なにも毎回あらう必要はない。ためておいて、一日一回だけあらう。お皿をたくさん買っておけばよいのだ。それからあらう方法をかんがえる。おおきな湯わかしのなかに、洗剤といっしょにほうりこんで、ガスにかける。したにコックをつけておいて、最後にお湯を排出すれば、それでよい。

もっと根本的には、あとかたづけする必要のないような食事の方法をかんがえることだ。たとえば紙の食器をつかう。つかったら、毎回すててしまうのだ。食卓のうえ、みんなのまえに、ビニール加工したふろしきみたいな紙を一枚ずつおく。食べものは、そのうえにじかにのせる。完全消毒だから、まったく清潔だ。食事がすんだら、紙をまるめてポイとすてる。こういう食事のシステムを完成したら、これは台所の大革命になるとおもうのだが、どうだろうか。

「必要は発明の母」というけれど、台所については、このことばはあてはまらないようだ。奥さまがたは、必要にせまられても、あまり発明をしない。女の発明家というものは、世にもまれな存在である。発明のためには、現実的な必要のほかに、現実ばなれのした空想力がいる。女は、あまりにも現実的であって、発明のために必要な空想力が欠けているのかもしれない。

月給袋と経営学的感覚について

サラリーマンの家庭では、夫がそとではたらいてえてきた収入を妻にわたして、妻はそれで家計をまかなうという場合が、もっともふつうであろう。

その場合、収入のわたしかたには二種類あるようだ。ひとつは、月給袋ごとわたしてしまう。そのうえであらためて、妻から夫に対しておこづかいが支給される。

第二の型では、夫は毎月一定額を、家計費として妻に支給する。あとどれだけの額が夫の手もとに保留されているかは、妻のしるところではない。

どちらの場合も一長一短である。袋ごとわたしてしまうほうを、民主的で、話のわかる夫であるときめてしまうわけにもゆかない。これはいわば、家計に関する関心を放棄しているのであって、どちらかというと、責任からの逃避である。そして、赤字がでれば、妻に対して「君のやりかたがまずいからだ」と文句をつけるだけの権利は保留しているのだから、ずるい。

とにかく、どちらにせよ、家の会計をあずかるのは主婦である。主婦は、金のやりくりの責任を負わされている。そして、まことに感心すべきことだが、みんななかなかうまくやっているではないか。

日本にも何千万という家庭があるが、どこも、けっしてらくではないにしても、なんとかうまく毎月をやりくりしてすごしているのだ。日本の家庭の主婦というものは、かんがえてみればたいしたものである。

そもそも、ひとつの組織を経営してゆくということは、そうとうにむつかしいことであるはずだ。このごろは、経営学ブームとやらで、みんなその研究に熱中している。家庭もまた、ちいさいながらも人間の組織のひとつである。その経営、維持についても、独特の経営学がいるはずだ。

家庭経営学というような本がベストセラーになったということもきかないが、日本の主婦たちは、いつのまにか、それを身につけているようだ。女というものは、本能的に組織の合理的経営の感覚を身につけているのだろうか。

これはしかし、まゆつばだ。一般の組織では、女の経営者というものはきわめてすくない。女の経営者が成功する組織というのは、家庭だけである。家庭の経営というのは、特別にやさしいのではないだろうか。

かんがえてみたらあたりまえだ。月給袋まるごとにせよ、制限支給制にせよ、どちらにしても収入のほうが確保されているのだ。主婦の仕事はつかうだけなのだから、経営もヘチマもない。なくなったらおしまいで、あとは文句をいいながらでも、男が補給をしなければならないのだから世話はない。どこの家も、破産もせずにうまくやっていっているのはあたりまえだ。事業で破産する家はあっても、消費で破産することは、まずありえないのである。

家計簿というものは象徴的である。もともとは、家計の合理的な配分の資料をつくる、という意味のものであろうが、じっさいはそういうふうには役だっていないようだ。それは、なにがいくらという買いもののひかえであって、資金がなくなれば、それでおしまいだ。けっきょくは金をおとしたわけでもなく、汚職をしたわけでもない、ということを、自分自身もなっとくし、夫にもなっとくさせるための資料にすぎない。そして、なるほどとなっとくしてしまえば、あとは夫の責任だ。なんというやさしい経営学であろうか。

奥さまと官僚とダライ・ラマの亡命について

奥さまというものは、まことにけっこうな存在である。主婦の座というのは主権国家の主権者みたいなものだ。そとからとやかくいったところで、いたくもかゆくもない。家庭には、内政不干渉の原則があるからである。

家庭というものは、たしかに国に似ている。家庭どうしは、おたがいに主権国家であって、内政不干渉の原則をもつ。内部には強力な政府があって、官僚がその行政力をにぎっている。家庭において、行政力をにぎる官僚というのはだれのことか。もちろん奥さまのことだ。

主婦は官僚である。どちらも、なにも生産しない。消費するだけである。そして、その元手《もとで》は、国民がはたらいてえた金をしぼりとった税金だ。しぼられる国民というのは、もちろん夫のことである。ときどき家庭では、家計をつかさどる主婦のことを

「わが家の大蔵大臣」などとおどけていうが、ほんとうだ。主婦は、税務署の官僚だ。なさけ容赦もなく、しぼれるだけしぼりとる。

しぼりとった税金は、各省のあいだで予算の分どりをやって、つかうという段どりになるわけだが、家庭では、食料省も衣服省も文部省も、大臣から局長にいたるまで、全部「奥さま」ひとりの兼任である。これだけ強大な権力が集中すると、もう手がつけられない。男は、いちおう総理大臣の椅子をあてがわれていることがおおいが、名まえだけであって、じっさいにはたいした権力をもっていない。じっさい、行政官庁としての総理府は、たいした役所じゃない。

ときには、けなげにも官庁事務の合理化をさけんで、改革をやろうとするのだが、だいたい各省の官僚の猛烈な抵抗にあって、挫折するのがつねである。家庭の合理化が、あんがいにすすまないのも、主婦の抵抗があるからだ。官僚も主婦も、ほんとうは、合理化がすすんで仕事がなくなれば、自分たちの存在理由がなくなってしまう。合理化にいそしむのは、自分で自分のクビをしめることになるわけだ。積極的に合理化をはかるはずがない。それを見ぬかずに、「家庭の合理化」を大まじめにかんがえるなんて、男というものは、まことにまぬけな存在である。

官僚というものは、たいへん地位の安定したもので、世の批判が直接自分たちの身のうえにはひびかないような仕くみになっているので、いわゆる官僚独善におちいりやすい。

家庭の主婦は、この点でも官僚に似ている。少々やりかたがまずくても、クビになることはまずない。官僚よりももっといいことには、勤務評定もなければ、国会でつつかれることもないのだ。まことにご安泰なことである。

国会議員のほうは、何年間という任期がきまっているが、官僚には任期の制限はない。この点も主婦に似ている。定年制さえもないのだからこんなうまい話はない。いったんその地位についたら、自分からなかなかはなれようとしないのは、むりもないことであった。せめて、議員なみにリコールの制度でもあったら、世の夫たちは、おおいにすくわれるのだろうが、あわれなことに、妻の座にはリコールもない。けっきょく、権力機構をひっくりかえすには、革命によるほかはないのだが、家庭のかたすみで、少々抵抗してみたところで、どうなるものではない。家庭主権者の強大な権力行使にたえきれなくなった夫たちは、ダライ・ラマみたいに逃げだして、よその国にころがりこむ以外には、道はないのかもしれない。

妻無用論

解説

この「妻無用論」という論文をかいたのは、一九五九(昭和三四)年の春のことであった。それは『婦人公論』の六月号に掲載された。(註1)

これには、まえぶれになった文章がある。その年の一月、わたしは「新しい家庭づくり」というエッセイを、『朝日新聞』紙上に毎日連載していた。そのなかで、この「妻無用論」と多少関連するテーマをとりあつかっているのである。「妻無用論」ということばも、ここでつかわれている。(註2) そのアイディアをきいて、『婦人公論』編集部が、その論旨をもっとひろげて論文にせよといってきた。それに応じてかいたのが、この文章である。

(註1) 梅棹忠夫(著)「妻無用論」『婦人公論』六月号 第四四巻第七号 第五〇八号 五六―六二ページ 一九五九年六月 中央公論社

(註2) 梅棹忠夫(著)「独身家庭――新しい家庭づくり(1)」『朝日新聞』一九五九年一月三日

「奥さん」

いまは、一家の主婦をよぶのに「奥さん」というのがふつうになった。わたしの妻も、そうよばれている。近所づきあいや、ときには友だちづきあいさえも、そのことばをつかう。妻もわたしも、「奥さん」ということばに、なんのふしぎも感じなくなってしまった。

しかし、わたしの母の時代には、ちがっていた。晩年にはすでに「奥さん」ということばが普及していたから、たいていそうよばれていたようだが、わかいころはそうではなかった。それでは、どうよんでいたのかというと、なにも特別のよび名はなかったのではないかとおもう。わたしの記憶では、ふつうは名をよんでいたようだ。わたしの家は京都の商家だったが、上方ことばとして有名な「おえはん（おいえはん）」あるいは「ごりょんさん」というのは、大阪ことばであって、京都ではそういういかたはしなかったようだ。わたしの母は「えい」という名だったから、みんな「おえいさん」とよんでいた。

これは、わたしひとりのおもいこみでもなさそうだ。江戸時代末期にでた随筆本で『皇都午睡』(註)というのがある。そのなかに、「町家の内儀を、大坂にてはお家さん、京では名を呼び、江戸にては御上様《おかみ》」(三編中の巻)という記載がある。

わたしの母がどうよばれていたかは、たいした問題ではない。「奥さん」とはいわなかったのだ、ということがたいせつなのである。もちろんわたしたちも、子どものころから、「奥さん」ということばをしっていた。しかし、自分の母がその「奥さん」に該当する存在であるとは、いっこうにかんがえなかったのである。

「奥さん」というものを、どんなものとかんがえていたか。「奥さん」というのは、官舎かなにか、安普請の借家にすんでいて、買いものにでると、商人に対してはおうへいなことばづかいでよく値ぎる。日中はなにもしないで近所の「奥さん」仲間とペチャクチャおしゃべりをしている。じっさい、巡査だとか、教師だとか、会社員だとか、そういう下級サラリーマンの細君が、この「奥さん」というよびかたをおたがいにこのんでつかったのである。

どういうわけか、わたしたちはちいさいときから、安月給とりというものをかるくみて、それに対して非同情的であったようだ。そして、この「奥さん」ということばは、わたしの頭のなかでは、その安月給とりとふかくむすびついているのである。そこで、時代とともに「奥さん」というよびかたがひろがり、だれかれなしにそうよぶようになるのに対して、だいぶんながいあいだ、心のなかに抵抗感があった。あたらしくきた「おなごし」（お手つだいさん）が、母のことを「奥さん」とよび、わたしのことを「坊っちゃん」といいだしたとき、わたしの心のなかには、なんともいえぬ不満とおぞましさがあったのであるが、いつしか、わたし自身がそのかろんじていた安月給とりになりはてて、わたしの妻はだれからも「奥さん」とよばれても、へんにおもわなくなってしまった。この一世代のあいだに、おおきな変化がおこったのである。

（註）西沢一鳳（著）「皇都午睡」『新群書類従　第一』四七九―七五二ページ　一九〇六年四月　国書刊行会

労働団の男と女

わたしの母なんかとくらべて、「奥さん」たちがいちばんちがっているとおもった点は、「奥さん」ははたらいていない、ということだった。じっさい、商家の主婦というものは、はたらき手でなければつとまらない。使用人をもふくめて、多数の家内の毎日の衣食への心くばりなど、いっさいの家事についての指揮者であるとともに、商売についても実力者である場合がすくなくなかった。わたしなども、おやじは一種の遊民のごとき存在だとおもっていたが、一家の大黒柱は母親だと信じていた。

そういう点では、商家の主婦はどちらかというと、農民の主婦に似ている。そこでは、家族全体がひとつの労働団である。そこでは、夫も妻も、その労働団の一員として、ともにおなじひとつの生産的労働に力をあわせていたのである。そこでは、労働する人間としての男と女のちがいは、本質的なものではない。それはいくらかの役わりの差であって、いわば作業内容のちがいにすぎない。ひとつの生産活動のなかで、横に分業が展開したにすぎないのだ。

サラリーマンの家庭は、その点がまったくちがう。それはひとつの労働団ではない。はたらくものは夫ひとりであり、夫はそのはたらきによって、そとから収入をもってかえる。妻の役目は、夫がそとではたらくための家庭的な条件を、よりよくととのえることである。妻自身はなにも生産しない。なにも収入がない。妻の成果は、直接にはでてこないで、夫をとおしてよりほかにはあらわれようのないものだった。いわゆる内助の功である。こういう家庭でこそ、内助の功ということばが意味をもつ。夫と妻との関係は、ここでは横の分業ではなくて、縦に一列につながっている。

サラリーマン家庭の起源と成立

こういう現代サラリーマンの家庭の形態は、社会人類学的にみて、どういうところからでてきたのだろうか。

じつは、社会人類学というようなたいそうな学をもちだすまでもなく、こういう家庭の形態は、あきらかに武士の家庭の形態とおなじである。武士というものはすべて、封建領主のもとに、封建家臣団に組織されていた。そこでは、男はすべて軍人として、あるいは行政官僚群として、主君に奉仕する。封建領主は、かれらのその奉仕に対して、サラリーを支給する。妻は、軍人として、あるいは官僚としての夫の仕事には直接かかわりあうことはない。妻は、夫のえるサラリーをもとに、夫がよりよくはたらけるように条件をととのえる役をするだけだった。ここでも、夫と妻の関係は縦の関係である。妻の功は、内助の功である。それは、直接表面にあらわれることはない。

封建武士の家庭が、現代サラリーマンの家庭の原型となった。これは日本だけの現象ではない。ヨーロッパ各国においても、おなじことがおこったのである。

現代は、社会のすべての階層にわたって、サラリーマン化が進行している時代である。官吏、労働者、会社員はもちろん、学者、政治家、家事使用人にいたるまでサラリーマン化している。一国の元首でさえも、最近ではサラリーマンとみる見かたがあらわれている。商家、農家においても、すでにたとえば農業法人問題がしめすように、つよいサラリーマン化の傾向がある。そして、その傾向をおしすすめることが、封建的な家族関係をうちやぶることになると信じられているのに、そのサラリーマンの家庭こそは、封建武士の家庭を原型とする、ということは、ちょっとした皮肉である。

じっさい、社会人類学的な意味ばかりでなく、文化人類学的な意味においても、現代サラリーマンの家庭は、かなりの点で封建武士の家庭のあとつぎである。はじめにいった「奥さん」というよび名も、あきらかに武士の起源のものだ。武士のサラリーマン化とともに、その文化もまたサラリーマンの文化となった。そのなりゆきが、大正のころにはまだのこっていて、観察されたのだ。さっき、「奥さん」といえば巡査か教師の細君をおもいだすといったが、じっさい、そういう下級官吏は、だいたいにおいて下級武士の社会的、文化的継承者であった。

いまでは、そういう階層にかぎらず、「奥さん」という名が全国民のふつうのよびかたになったように、夫だけがはたらいて妻は家にのこるという家庭のありかたが、ごくふつうのこととして承認されるようになったのである。

サラリーマンの妻のよわさ

サラリーマン化は、封建的人間関係のひとつの清算法のようにみえながら、家庭における夫と妻との関係をかんがえたら、それはじつは封建体制のまっすぐの延長であり、その終局的な形態でさえある。

封建武士の家庭でも、サラリーマンの家庭でも、はたらくものは男だけ。女はその付属物であり、せいぜいのところ補助物にすぎない。サラリーは、封建武士においても現代サラリーマンにおいても、妻のあるなしに関係なくくれる。現代においても、独身ものと妻帯者のちがいは、わずかな手あてだけである。

要するに、男のあげる社会的成果、あるいは収入という点では、妻はあってもなくてもよい存在なのだ。内助の功というものは、たとえあるとしても実証しがたいし、なんとでもいえることだ。妻はいわば、夫の好意によっておいてもらっているだけのことである。家庭のなかにおけるその地位は、愛玩用の家畜によほどちかいものであったといわなければならない。

なんとしても、武士の妻が直接の生産労働に従事していないというのは、おおきい弱点だった。そこに、町人、百姓の女房にくらべての、武士の細君の立場のよわさがあった。もともと、「女大学」などというものは、まるでそれが日本の旧時代の妻のありかたをものがたるもののようにいうけれど、あれは武家の細君のよわさについての、ひとつの理論的理想型みたいなもので、庶民のあいだにあんなものがおこなわれていたとは信じがたい。むしろ、「女大学」的イデオロギーが、ひろく国民のなかにしみわたるのは、明治以後の、日本の家庭の広汎なサラリーマン化現象にともなうものではないだろうか。

現代サラリーマンの細君は、自分自身がはたらいているのではないということによるよわさ、妻のよわさを、そっくり武家の家庭からひきついでいるのである。その夫婦生活は、本質的には男の「好意」によってつづけられているにすぎない。さいわい夫はたいてい妻に好意をもっているからよいようなものの、その地位は、やはり不安定なものといわなければならない。サラリーマンの細君たちは、こういう妻のありかたを、根本的におかしいとはおもわないのだろうか。

主婦権と家事労働

封建武士の家庭においても、しかし、妻はまったく一方的に夫の支配に屈していたとはおもえない。この問題は、まえにすこしかいたことがある。(註)そのときのかんがえでは、封建制下の家庭にあっては、女は、男の総合的な主権をみとめながらも、その内部に、妥協的な女の政権を確立した、とみるのである。それがいわゆる主婦権の確立であった。封建制下の女たちは、財産相続権、外交権などを放棄するかわりに、台所をきりまわす権利だけは確保したのである。台所に関するかぎり、夫といえども介入する権利はない。この主婦権だけは、現代サラリーマンの家庭においても、たしかに確保されている。これを足がかりにして日本の妻たちは、夫とのあいだに、一種の労働の分業制にちかいものをみとめさせるのに成功したのだった。

主婦権を確立するためにはもちろん、妻もまた無用の長物、あるいは寵愛の家畜ではなくて、自分自身も機能をもつ存在であることを立証しなければならない。そのためには、なにかはたらきをみつけなければならない。そこでみつけたのが、家事労働であった。日本の妻たちは、家事労働の担当者として、自分自身を仕たてていった。はじめはもちろん、じっさいにはたらくのは召使であって、主婦は指令をあたえるだけということもおおかっただろうが、のちにはしだいに、主婦自身がはたらきだした。

この変化は、数百年かかって、戦後にいたってほぼ完成したようだ。現代サラリーマンの家庭では、おおくの場合、主婦がそのまま家事労働の担当者である。主として経済的な事情から、家事労働のための召使というものは、しだいに減少してゆくほかなかっただろうが、経済的事情をぬきにしても、封建家族以来の、家庭における主婦権を確立するためには、やはり主婦自身がはたらくほかはなかったのである。はたらいて、その労働が有用であることを証明するほかはなかったのである。

こうして、じっさいに日本の家庭ではおびただしい家事労働がつくりだされた。ひとはすぐ、日本の家庭における家事労働の雑多さ、はげしさをいうけれど、わたしは、そのなかのおおくのものは、生活の必要からやむをえずおこなわれているというよりは、主婦に労働の場を提供するためにつくられた、発明品ではないかと解釈している。それは、主婦が主婦権を確立するために、必要だったのである。

もちろんそれによって、日本の家庭文化は大はばに前進したのである。その、世界に類のない小ぎれいさ、清潔さ。衣食住のすべてにわたってはたらいている、繊細な美的感覚。念いりの育児法と熱心な教育。このような生活文化の高度の洗練が、究極においてなにをもたらしたかはしらない。しかし、ともかくもこれは、現代地球上にみられるもっとも高度に発達した家庭文化のひとつであることはまちがいない。

そのなかにそだった日本の男たちは、もはやそれなしには生活できなくなっている。そして、その高度の文化を維持してゆくための、そうじ、洗濯、風呂たき、料理、裁縫、そのほか種々さまざまな労働のすべては、妻の担当になっているのである。男がそのはげしさを発見したとき、勝利はすでに妻の側にあった。現代サラリーマンにとって、妻はすでに必要不可欠のものとなっていたのである。夫に、妻の労働の必要性を確認させることが、主婦権の確立のために必要であった。そして、それは成功したのである。

（註）梅棹忠夫（著）「女と文明」（本書一三―三五ページに収録）

家事労働の肩がわり

ところが、いっぽうでは、まったくべつな変化が進行してきた。家庭の文化がすすめばすすむほど、それは専門化しはじめたのだ。そして、はげしい家事労働を家庭の主婦から肩がわりする専門業者が、あとからあとからあらわれてきたのである。たとえば、江戸時代に、コメを精白してたべるのがうまい、という文化がうまれると、その精白作業の専門業者がたちまちあらわれる。着ものには賃ぬい屋があり、悉皆《しっかい》屋ができる。のり屋、油屋、酒屋、ろうそく屋、必要なものはたいていつくって売っている。家庭における主婦の仕事は、かなりの程度に肩がわりされているのだ。

あたりまえのことだけれど、こうして日本の経済がうごき、発達してきた。家庭の文化の展開とともに、家庭での消費を対象とした産業が、どんどん発達したのである。現代は、そういうらごきが、もっとも目ざましい時代だ。衣食住のあらゆる面にわたって、家事労働の肩がわりがおこなわれつつある。たとえば、衣の問題についていえば、いままでの家事労働のうち、主婦におおきな負担となっていたのが洗濯だが、それが、電気洗濯機の出現によっていっきょに解決した。また、衣類をととのえることも、きわめてかんたんになった。ミシンでぬうというのではない。既製服のよいのが、いくらでもでまわるようになったのだ。ミシンなどは、もはやあまりつかうことのない機械と化しつつある。

食についてもおなじことがいえる。調理のための水、燃料にともなう労働が、すでに農村においても、ポンプやプロパン・ガスの普及で、解消しつつある。それよりも、いったい調理ということが、どれだけ重要なこととしてのこるだろうか。現代の市場へいってみれば、完全調理品、あるいは半調理品の品数がおおいのには、まったくおどろかされる。むかしにくらべて、いまは食事を用意するまでの労働は、はるかにすくないものになってきている。

それから、住について、最大の困難はそうじだったが、それも、電気掃除機の出現によって、よほどらくになった。こうして、つぎつぎに革命的な変化がおこって、家事労働というものの内容とはげしさは、むかしとはよほどちがうものとなりつつある。

妻の追放

家庭生活が便利になり、家庭婦人が家事労働から解放されるということは、はげしい労働になやんでいた日本の家庭婦人のために、まずはおめでたいことだ。しかし、その結果どういうことがおこるか。いままでは家事労働に追いまくられて、教養をたかめることもできなかった婦人たちが、これで時間的な余裕ができて、勉強するようになり、その結果、家庭における女性の地位が向上するだろう、とかんがえるのは、それこそおめでたい楽観論である。はたしてそんなにうまくゆくかどうか。

というのは、すでにいままでの論証であきらかなように、封建武士＝サラリーマン型の家庭においては、妻というものは、もともと人間的な必然性がない。それがどうして存在権を主張できるかというと、もっぱら、家事労働の担当者としてであった。

とすれば、家事労働がしだいに専門業者や機械に肩がわりされて、家庭の主婦の手からはなれてゆくとすれば、サラリーマン家庭の主婦は、しだいに妻としての存在意義の基礎をうしなってゆく、ということにならないだろうか。女は、労働から解放されつつあるとおもっている。それは事実だ。それとともに、女は妻の座からも追放されつつあるのだ。

サラリーマンとしての男の立場からいえば、いままで妻というものは、家事労働の担当者として、必要不可欠なものとして、その存在意義をみとめていた。それでこそ、そとにでて収入をえるものと、うちにあって家庭をととのえるものという、一種の分業的な関係にあるものとして独占的な妻の存在を理由づけていたのである。しかし、その家事労働が、たいていは専門業者や機械の手でおこないうるということであれば、妻というものはその存在意義をうしなうのではないか。妻は、いらないのではないか。

じっさい、すでにそういうかんがえかたは、わかい未婚の男のなかにも存在する。三〇をこえ、かなりの収入もあるのに、いっこうに結婚しようともしない。そして、けっこうデラックスな日常生活をたのしんでいるのだ。べつに結婚しなければならない理由はなにもない。

現実の問題として、いまのところは、細君なしでゆたかな文化生活をおくろうとすると、すこしたかくつく。いくらあればよいか計算してみた男があって、月収五万円あれば完全だという。要求水準にもよるが、もっとやすくてもやってゆけるだろう。しかし、いずれにせよ、妻が家事をみたほうが安あがりにはなる。その分だけ、妻が家事労働の担当者としてはたらくからである。

しかし、その点において妻の価値を主張しようとするならば、それはみずから墓穴をほるものだ。費用節約のための妻なら、収入がふえれば、必然的に不要になる。収入さえふえれば、妻はやはり不必要なのである。封建武士＝サラリーマン型の家庭の行方をたどってゆけば、この結論はさけがたいのではないだろうか。

女の抵抗

女はしかし抵抗するにちがいない。主婦権は獲得し、家事労働は追放した。人類の歴史のうえで、現代のサラリーマン家庭の主婦ほどけっこうなものはないであろう。女が、こんなけっこうな地位を、むざむざとうしなうものとはかんがえられない。

対策はすでにいくつかでているようである。そのひとつは、擬装労働による家事の水ましである。たとえば、最近のお料理熱の流行などは、そのあらわれのひとつではないだろうか。テレビの料理の時間は、すごい人気だそうだが、じっさいはそんな料理を自分でつくってみるより、できあいを買ってきたほうが、やすくて、かんたんで、うまい場合もいくらもあるのだ。ただ、家で料理をすることは、これは家事労働である。それによって妻は、家事労働担当者として、夫に貢献していることを主張できるのだ。

洋裁学校の繁盛なんかも、その例であろう。プロ養成ならともかくも、ふつうの家庭婦人に、洋裁の技術がそれほど必要とはおもわれない。洋裁も料理も、家事労働のような顔をしているが、じっさいは趣味である。しかし、趣味やあそびといってしまったのでは、サラリーマン家庭の主婦のたつ瀬がない。それはどこまでも家事の一部でなければならないのだ。擬装労働というゆえんである。

もうひとつの抵抗線は、愛情の問題である。月収五万円あったら妻は不要である、という。それに対して、妻たちは反論するだろう。愛情をどうしますか、愛情はお金では買えないでしょう、と。

そうだ。それはほんとうだ。愛情はお金で買えない。そして、男は愛情にうえている。一日のはげしい仕事をおえて、わが家にかえりつくとき、それをあたたかくむかえてくれる妻の存在は、どれほど男をよろこばすことだろう。妻はつまり、すでに家事労働の担当者としては重要ではないかもしれないが、男に対する慰安の提供者である。これこそは妻という存在の究極の存在価値であろうか。

しかし、そうだろうか。家事労働のひじょうにはげしい時代にあっては、しばしば「妻とは性生活をともなう女中である」といわれた。こんど、家事労働がほとんどきえさったときには、妻とは、性生活をともなう慰安の提供者である、ということになるのだろうか。

人間としてかんがえた場合、これはやはりおかしいのではないか。性生活をともなう慰安の提供者なら、遊女である。あるいはオンリー*である。これからの妻は、遊女化するというのであるか。

しかしじっさいは、こういう傾向もないではない。女らしさとか貞淑さとか、そんなものを売りものにするということは、つまり、慰安の提供者としての適格性をしめすということであり、妻の遊女化ということである。いまなお、家庭婦人としての婦徳をみがくとかなんとかを看板にする女子の学校があるということに、わたしはなにかこっけいな、しかしひどい非人間性を感じるのだ。学校は遊女の養成所であるか。

＊オンリー　戦後の日本でおこなわれたことばで、占領軍のひとりの軍人に専属する日本人売春婦を意味した。

妻であることをやめよ

けっきょくどうなるというのか。わたしの結論はこうである。封建武士＝サラリーマン型の家庭を延長してゆけば、けっきょくはゆきづまる。この方向では、妻は不要になるばかりである。しいて妻の存在意義を見いだそうとつとめればつとめるほど、妻というものは、ますます奇怪な存在、奇怪な制度におちいってゆくだろう。妻の座はゆらいでいるのである。

それでは、どこか脱出口があるのだろうか。それはあるとおもう。それは要するに、女が妻であることをやめることだ。あるいは、封建武士＝サラリーマン型の妻であることをやめることだ。つまり、たいへんあたりまえの結論だが、女自身が、男を媒介としないで、自分自身が直接になんらかの生産活動に参加することだ。はじめにのべた農＝商家型の主婦のように、一家がひとつの労働団をつくるというわけにはゆかないだろうが、女自身が、男とおなじように、ひとつの社会的な職業をもつほかないのである。じっさい、わたしがいうまでもなく、社会は大すじにおいては、その方向にむかってまっしぐらにすすみつつあるようだ。

女が妻であることをやめるというのは、なにも結婚しないということではない。結婚という制度は、なかなかきえさるまい。しかし、妻という名のもとに女に要求されたさまざまな性質は、やがて過去のものとなるだろう。あるいはまた、女として必要とされた性質も、おおくはおきさられるだろう。女の男性化というといいすぎだが、男と女の、社会的な同質化現象は、さけがたいのではないだろうか。そして、今後の結婚生活というものは、社会的に同質化した男と女との共同生活、というようなところに、しだいに接近してゆくのではないだろうか。それはもう、夫と妻という、社会的にあいことなるものの相補的関係というようなことではない。女は、妻であることを必要としない。そして、男もまた、夫であることを必要としないのである。

母という名のきり札

「妻無用論」が発表されると、読者からたくさんの反響がよせられた。そのうちのかなりのものが、子どもを問題にしていた。妻であることよりも、母であることを問題とするのである。それは「妻無用論」を発表したときから、わたしが予想していたところであった。『婦人公論』は、さっそくわたしに再度の執筆を依頼してきた。わたしはそれに応じた。そして、この一文をかいたのである。(註)

この論文の題名として、わたしがはじめにかんがえたのは「女は母で勝負する」というのであったが、多少挑戦的な感じもするのでひっこめて、「母という名の切り札」をとった。

(註) 梅棹忠夫(著)「母という名の切り札」『婦人公論』九月号 第四四巻第一二号 第五一三号 五八―六四ページ 一九五九年九月 中央公論社

「妻無用論」の反響

この『婦人公論』の六月号に、わたしは「妻無用論」という小論をかいた。

その後二ヵ月、さまざまな反響があった。たくさんの読者から投稿があった。七月号の読者投稿欄「婦人のひろば」には、そのうちの三篇が掲載されている。そのほかの数十篇を、編集部から回送してもらって、わたしはその全部をよんだ。

投稿規約によれば、原稿用紙二枚ということだが、それにはとうていおさめきれないほど、読者の思想はわきたっていたようだ。なかには、そのまま雑誌の論文として通用するのではないかとおもわれるような、長編の、堂々たる論説もいくつかあった。内容的にも、問題追求の目は、現代日本の家庭生活のさまざまな部分におよんでいる。わたしは、日本の家庭婦人たちの思想性のたかさについて、一種の感動をおぼえながら、それをよんだ。

読者からの投稿は、どれもたいへんまじめなもので、それぞれにすぐれた考察をふくんでいた。しかし、それがみんな「妻無用論」を支持していた、というわけではけっしてない。むしろ、投稿者のしめした態度には、極端な差があった。

あるひとは、「ちかごろになく胸のすく爽快きわまるおもいで、興味ぶかくよみました」とかいていたが、またいっぽうでは、「この一文をよんで、久方ぶりに不快な感じをうけたのは、わたしひとりだっただろうか。わたしは最初からよみすすむにつれて、腹がたって仕かたがなかった」というひともある。胸のすくような爽快感から、腹がたって仕かたがない不快感までには、だいぶんの距離があるようにおもうのだが、ひとによって、こうも受けとりかたがちがうのだろうか。これは、わたしにとってひとつのおどろきであった。

子どもをどうするか

「妻無用論」において、わたしがとりあげた問題を要約すると、こういうことである。現代サラリーマンの家庭では、夫がそとではたらいて、妻は家庭をととのえる、というかたちがふつうである。それは、人類学的な意味では、封建武士の家庭の現代版だとわたしはかんがえる。このタイプの家庭では、夫が経済的実権をにぎっているために、妻の立場には基本的なよわさがある。妻は、家庭における主婦権を確立するために、さまざまな擬装労働を発明し、その担当者として、自分自身を仕たてていったのである。

それによってたしかに、日本の家庭文化は、ひじょうなたかさに達した。しかしいっぽうでは、日本の社会、経済の発達につれて、専門家や機械によって、家事労働は大はばに肩がわりされるようになってきた。衣食住の全面にわたって、家庭婦人ははげしい家事労働からしだいに解放されつつあるのだが、それは同時に、家事労働担当者としての妻の存在価値が、だんだんゆらぎつつある、ということを意味するものである。もし、このままの傾向をおしすすめるならば、妻はただペットとしてのみ存在をゆるされることとなり、人間としての生存は危機にさらされてゆくのではないだろうか。

こういう議論に対して、さまざまな批判がよせられたのであるが、そのなかには、さきほどのべたように、同調的から反発的まで、さまざまな態度のちがいがあったのである。しかしながら、反応の主観的な態度をはなれて、客観的に内容についてしらべてみると、じつはその態度のちがいは、あまりおおきな問題ではなかったようにおもえる。同調的なひとも、反発的なひとも、問題点としてとりあげている点は、ほぼ共通していることを、わたしは発見したのである。

それはなにか。それは、子どもの問題である。わたしは、子どもについては、ほとんどなにもかたらなかった。そこで、寄稿者たちは問うている。子どもをどうしますか、と。

母の労苦

家庭における妻の立場を論じながら、わたしが、子どもの問題、あるいは母としての女の立場を完全に無視して議論をすすめたことは、おおくの女性に、たいへん不満をあたえたようだった。とくにわたしが、家事労働は減少しつつあるというのに対する反対意見として、あるひとはいう。「女にのみ課せられた妊娠、出産、そして育児という問題を、どのように解決すべきか。うまれてくる赤ん坊は、いっこうに電化されていない、手のかかる赤ん坊である。ある程度そだつまでは、妻はまったく育児に忙殺されるではないか」と。

ここには、母の労苦を無視されたことに対する、つよいいきどおりがある。これはもっともなことである。このいきどおりに対して、わたしはどうこたえるべきか。

じつは、これとまったくおなじ種類のいきどおりが、ほかの家事労働についても、いくつもよせられているのである。電気洗濯機はあっても、洗濯がいかに労苦にみちたものであるか。電気掃除機によるそうじが、いかに時間をくうものであるか。それらはみな、家事労働を担当するものの労苦を無視されたことに対する抗議なのである。

わたしはこうおもう。いくら機械が発達したところで、主観的には、はたらいているという感じはなくならない。しかし、客観的には、電気洗濯機がないよりあるほうがらくなことは、疑問の余地がない。エネルギーの節約ができて、時間の余裕ができることは、すなおに事実をみれば、否定することはできないはずだ。

子どもをめぐる母の労苦についても、これとおなじことである。主観的には、なかなか軽減されぬこともあるだろうが、客観的には、子どもそだては、むかしよりはるかにらくになっていることはうたがいをいれない。

母無用論

そもそも出産のときから、産着《うぶぎ》だのなんだの、さまざまな赤ちゃん用品を、現代の妻はこしらえる必要はない。やすくて便利なベビー・セットが売ってある。赤ちゃん用品というものは、百貨店でもひとつの部門として成立するほど、さまざまなものがつくられている。もし、母乳が不足の場合だって、赤ちゃん用の完全な栄養食品ができている。赤ん坊専用の総合ビタミンまである。目もりつきの哺乳《ほにゅう》びんで、処方どおりにミルクをのませ、健康上の要点にさえ注意をはらえば、子どもは確実におおきくなる。

じつは、女のひとにはしばしば誤解があるようだが、子どものことというと、妊娠から分娩、育児、そして成人するまでのいっさいをひっくるめて、それを女の問題、母の問題とかんがえる傾向があるが、それはすこしまちがっている。女の特権は妊娠と分娩までであって、あとは女だけのことではない。現代は、機械や製品ばかりでなく、小児科医学、教育施設の発達などもかんがえにいれると、育児労働は大はばに社会によって肩がわりされているのであって、男手ひとつで子どもをそだてることだって、できないわけではない。

「妻無用論」の論法を踏襲して、母無用論などといいだせば、また総反撃をくうだろうが、子どもにとって母の絶対的な必要性は、なくなりつつあるようにおもう。すくなくとも、世のお母さんたちが自分で主張するほどのことはなくなってきた、というのが、真実ではないだろうか。

エネルギー転化法則

たいへん意地のわるいことをいうようだが、「子どもはだれがそだてるのか」とひらきなおる女性たちの語気のなかに、わたしは、「このだいじの労働対象をとられてなるものか」といったような気がまえを感じるのである。育児労働に対する女性の執着のふかさを感じるのである。なぜそういうことになるかといえば、おそらくは、立場のよわいサラリーマン型家庭の妻にとっては、子どもこそは最後の防衛拠点であり、育児こそは最大の擬装労働になっているからだろうと、わたしは推測している。

ほんとうの労働も擬装労働も、つかうエネルギーはおなじである。だから、そのあいだには相互転化法則が成立する。世のなかが便利になって、ほんとうの家事労働がしだいにへってくると、エネルギーは擬装労働のほうにながれるはずである。こうして、じっさいは育児そのものも、大はばにらくになっているはずにもかかわらず、大量のエネルギーが子どもにむかってそそぎかけられるようになった。日本の女たちの、家政婦としてのエネルギーが、母のエネルギーに転化したのである。

じっさい、ちかごろのおかあさんたちのはりきりぶりは、目ざましいものがある。赤ちゃんコンクールなどもそのあらわれのひとつであろう。木山文夫博士の話によると、ちかごろは、おかあさんがあんまり赤ちゃんに熱中して、乳のませすぎをやるために、逆に赤ちゃんが乳をのまなくなる、という症例がひじょうにおおいそうである。最近はまた、「子ぼけ女房」ということばがあるそうだ。子どもにうつつをぬかす現代の妻の姿を、なかなかうまくいいあらわしたものである。

この変化は、もちろん日本の子どもたちにとって、たいへんしあわせなことだった。子どもたちはじゅうぶんな世話をうけて、ますます小ぎれいになった。そして、それとともに、これは日本の妻たちにとっても、たいへんつごうがよいことだったにちがいない。しだいに労働内容をうしないつつあった妻たちは、母の立場に全面的に移行することによって、あたらしいはたらきの場を見いだしたからである。

それは、安全な座であった。女は、母という名の城壁にとりかこまれて、つよい安定を見いだした。それは金城鉄壁であった。

MTA

子に対する母の立場に、むかしもいまもかわりがあるものか、とおもわれるかもしれないが、そこにはやはり、時代のうごきとともにおのずからなる変化があった。

いま、育児や教育のことをいう母親たちは、まるで子どもは自分の独占物のような口ぶりでいうものだ。あるいは、子どものことは母の責任だとかんがえて、だれもあやしまない。しかし、かんがえてみるとこれはおかしいことだ。いつのまにこんなことになったのか。

明治以後、日本の家庭に大はばにおこった変化のひとつは、家庭と労働の場が分離しはじめたことであろう。それまでは、武士の一部をのぞいては、家族はひとつの労働団であり、家庭はそのまま労働の場であった。それが、日本人の全国的なサラリーマン化にともない、そとにでてはたらく父がしだいにふえはじめ、母と子が家庭にのこるというかたちが、ふつうになりだした。一家共通の労働の場がうしなわれた以上は、子どもにとって、父と母との比重はもはや決定的である。父親は、しだいに遊離しはじめ、母と子の結合は、相対的にたいへんつよくなる。これが近代における第一の重要な変化であった。

戦後は、この傾向はまたいちだんと前進した。そとではたらく父親はいっそう増加し、戦後の労働事情、交通事情は、父親が家をそとにしてはたらく時間をますますながくした。父と子の接触は、うすれるいっぽうである。そして子どものことは母の責任であるというかんがえかたが、いつのまにか、ゆるぎのないかたちで確立してしまった。

学校における保護者のつどいの変遷は、この事情をあきらかにものがたっている。むかしは、保護者といえば父兄であった。家長ないしはその候補者が、子女の教育の責任者であった。そして、保護者会には父が出席した。それが、しだいに母におきかえられてきたのである。

戦後は、その名も、父兄会という家父長的な名称を廃して、PTAとよぶようになった。Pはもちろんペアレンツ（両親）であるが、そのじつ男親は会長さんだけで、じっさいの出席者はほとんどが女親である。実状に即していうならば、むしろマザーのMをとって、MTAというほうが似つかわしい。

幼稚園になると、いっそうその傾向がつよい。名まえもあからさまに「母の会」とよぶのがおおい。幼児の責任者は母であるという観念は、すでにぬきがたいものになってきた。母の株は、上昇をつづけているのである。

母性愛まかりとおる

母の立場の変化をもたらした第二の要因は、母性愛の発展ということである。母性愛こそは、本能的なもので、そんなものに発展もなにもあるものか、といわれるかもしれないが、じつは、そういうかんがえかたこそあたらしい時代の産物である。たしかに母性愛そのものは、ある意味で生物的でさえある。大むかしから存在する。しかし、そういうものが存在するということと、それが公認され、母親たちがそれに自信をもつということは、べつのことである。

家庭における育児と教育のプリンシプルは、過去の時代にあっては「父の権威」であった。母性愛などというものは、表面にはだせない私事にすぎなかった。しかし、いまはもう父の権威は地におちてしまった。いまや父は、子どもの問題については、おずおずと遠慮がちであり、ないしは無責任である。父にかわって、母があたらしい公認のプリンシプル、「母の愛」をたからかにかかげて、のりだしてきている。

母性愛公認の事情は、やはり一般的なイエの崩壊にともなうものであろう。家族の解体がすすむとともに、育児と教育の伝統的なしきたりは、わすれさられてきた。わかい母親たちは、年おいた祖母たちのいうことを信用しなくなったし、祖母たちもまた自信をうしなっていった。伝統の枠がゆるんだとき、それにかわって各自にそなわる愛情をたよりにする以外に、なにか方法があっただろうか。

変化は大正から昭和にかけておこったのではないか。社会の各方面にわたって、伝統の枠にかわって、解放された人間的な愛情がうたわれた。それはあたらしい市民の倫理だった。たとえば菊池寛というようなひとは、その旗手であったかもしれない。かれは、あたらしい倫理観、あたらしいプリンシプルをもって、家庭小説、家庭読本をかきまくった。そこでは、伝統のすべての形式をこえて、愛情の至上性が強調されたのである。

それは、ほこらかな母の凱歌であった。母性愛は至上である。母性愛は、まかりとおるのである。母親たちは母性愛に自信をもちはじめたのであった。

女は母で勝負する

明治以後の家庭のかわりかたのうちで、目だつことのひとつは、子どもをたいせつにしはじめたことだといわれている。「うちは子ども本位の家庭です」というのが、いくらか進歩的なサラリーマン家庭のモットーになりだしたのは、おそらく大正の末ごろからではないだろうか。それまでは、家はつねに父親中心であり、家長本位であるというたてまえがあった。

子ども本位制というのは、だからじつは家父長専制の否定であった。そしてその本位になる子どもには、母親がついている。だいたいこういう組みたてをもって、現代サラリーマンの家庭は形成されてきたようである。そのかたちをみると、父が多少とも疎外されて、母と子の結合がきわめてつよい。それはあきらかに、母中心の家庭である。

それは、現代という時代において、サラリーマン家庭がしばし安定をたもつための、ひとつのみごとな適応策であった。家庭の妻は、りっぱな発明をなしとげたのである。現代家庭の「母」の地位は、まさに妻の発明品である。妻はその「母」の座にすべりこむことによって、ひじょうな安定をえた。さもなければ、まさに「妻無用論」的なプロセスが一方的におこるはずだった。なにしろ、機能はしだいに低下するのだから、妻の立場はしだいにわるくなるほかない。

数ある擬装労働のうちで、「母」ほどみごとな成功をおさめているものはない。子どもがいるかぎり、ちょっとやそっとで、それをやめさすわけにはゆかないのだ。妻が子どもをほしがる理由のひとつは、たしかにここにある。子どもは、家庭における妻の立場をいちじるしく強化する。

とにかく大義名分がたっているのだ。さきにのべたような思想史的変化があって、伝統にかわって母の愛が、いまや至上のものとなってきた。母の愛はすべてに優先する。どんなに議論がわきたっても、ひとたび崇高なる「母の愛」が発動すると、これはもう抵抗しがたい。この状況を、現代の女性が見のがすはずはない。トランプでいうならば、「母」は女のきり札である。それはオール・マイティーのスペードのエースだ。いろいろ組みかえてみても、サラリーマンの「妻」の札では、なんとしてもよわい。そこで彼女は、「母」で勝負する。

人生喪失

そこでどういうことになってゆくか。サラリーマン型家庭では、ひまになればなるほど、母の意識は子どものことでしめられることになる。余剰エネルギーはいっさい、子どものうえにふりかかる。そういう家庭ほど、いわゆる教育熱心であり、教育熱心な家庭ほど、母が子にべったりと密着している。そして、子どもの学校の成績のあがりさがりに、母親がいっしょに、一喜一憂するということになる。子どもの人生と母の人生との、混同ないしは同一視がおこるのである。

子どもがおおきくなっても、こういう母は子どもからはなれたがらない。子どもの人生を自分の人生だとおもっているのだから、むりもない。そして、自分自身の人生は、どこかへ見うしなってしまっているのだ。「母として生きる」というと、いかにもうつくしいが、じっさいは、人生喪失型の女というにすぎない。

子どもからはなれがたいのは、もうすこしべつの理由もある。もともと、サラリーマン型の妻の無力感が、「母」としての生きかたをえらばせたのである。母の立場をうしなえば、もとの無力な妻にもどってしまうのだ。自分に人生の計画もなく、生活力もない。もっぱら子どもにくっついてゆくほかはないのだ。

わたしはなにも、日本映画の「母もの」みたいに、「すべて子どもの犠牲になって」というような、ふるくさい封建臭ふんぷんたる女の話をしているのではない。公式的な封建家族の批判をしているのでもない。現代の家庭であり、現代の女である。そして、「母もの」のメロ・ドラマを軽蔑し、子どもの犠牲になることを否定するあたらしい女性たちが、けっきょくはサラリーマンの妻であることを維持してゆこうとするために、母の立場に埋没してゆかねばならぬというなりゆきを、かなしみをもって見まもらざるをえないのである。自分の人生を喪失してまで、どうして「妻」であらねばならないのだろうか。

対等のゲームを

はじめの、読者からの投稿の話にもどる。わたしは読者の熱心さに心をうたれてよんだが、それとともに、率直な印象をのべることをゆるしていただくと、おおくの人たちが「母」への傾斜をしめされたことに対しては、いささか失望を禁ずることができなかった。男も女も、まったく同等の人間であるという前提のもとに話をしていたところが、突然に「母」という性が顔をだしたのである。これは第三の性だ。わたしのあずかりしらぬところの性だ。わたしは、うっちゃりをくったような、まんまとにげられたような気がした。

女は「母」で勝負する。しかしながら、男の立場からいうと、こんなつまらない勝負はない。オール・マイティーの札をもっているのだから、女がかつにきまっている。ばかばかしくて相手にもなれない。まともに、対等に相手になれるゲームをさがそうではないか。

母性愛のうつくしさとかなんとかいっておだてるひとがあるものだから、つい、それでもよいような気になるが、一個の人間であるところの女が「母」で勝負しなければならないということは、やはりたいへん非人間的なことのようにわたしはおもう。男も、ふつうは夫であり、父である。しかし、男は「父」で勝負しようなどとはけっしておもわないし、必要もない。

現代の女性に対して、せめて男が父である程度の母であってほしいとねがうのは、むりであろうか。現代の家庭の男は、あまりにも「父」でなさすぎるかもしれない。しかし、現代の家庭の女は、おおむねあまりにも「母」でありすぎるようにおもうのである。母という名の城壁のなかから、一個の生きた人間としての女をすくいだすには、いったいどうしたらよいだろうか。

家事整理の技術について

——家事整理学原論 I

解説

『暮しの設計』という雑誌があった。いまもあるのだが、いまは一テーマ一冊で隔月刊となっている。もとは家庭むきの実用的な記事や、気のきいたエッセイなどをもりこんでいて、教養ある主婦層に人気があった。その雑誌が「家事すべての整理学」という特集をやるという。それにもとめられて「家事整理の技術について」というのをかいた(註)。いわば主婦むけの家事整理学原論の講義である。

わたしはそれまでに自分の家庭を実験台にして、さまざまな家事の整理学を実践してきていた。そのために自宅をかなりの程度に改造したのである。『暮しの設計』の編集部ではその点に注目して、わたしの家を徹底的に取材した。それは「改造による整理学の実行」というカラー口絵をふくむ記事となって、わたしの「原論」とおなじ号に掲載された。ただし、自宅取材の記事には、わたしの名まえはでてこない。単にU氏宅となっている。

この特集号はひじょうな好評で、爆発的に売れて、たちまち売りきれたようである。発行所の中央公論社は、大いり袋を社員にくばった。それは、筆者のわたしのところにまでおくられてきた。出版社の大いり袋というのは、はじめての経験であった。本来なら神棚にでもそなえるべきところであろうが、わたしの家には神棚がなかった。わたしはそれを仏壇にそなえた。

（註）梅棹忠夫（著）「家事整理の技術について」『暮しの設計』七月号　第四巻第四号　通巻第二二号　六三―七三ページ　一九六六年七月　中央公論社

体系的岡目八目理論

家事整理の技術についての理論的考察をおこなうのが、この場所におけるわたしの任務である。いうならば、「家事整理学原論」の講義ということになるであろうか。「そんな講義をきかせてもらわなくとも、家事のことならわたしたちは専門家です」と、主婦のかたがたはおっしゃるかもしれない。じっさい、家事の専門家というものが存在するとすれば、たしかに、家庭の主婦がそれにあたるだろう。しかし、ほんとうのことをいうと、家事などというものは、そんな専門家を必要とするようなたいそうなものではないとおもうのだが、どうだろうか。ふつうの能力をそなえた人間なら、だれにだってできることなのだ。とりたてて家事の専門家などと称するにはあたらない。

いいかえれば、それだけに、「非専門家」が横からみていて、いくらでも口だしのできるようなたちのものなのである。口だしはしないまでも、世の亭主たちは、主婦の家事のやりかたを横目でみて、「ばかなことをやっているわい」などとおもっているものである。じっさい、岡目八目というとおり、手をくだしている本人より、横でみているもののほうが、見とおしもきき、いい方法もおもいつくということは、いくらでもある。

一般に、実務家はかならずしも理論家ではない。たとえば、スポーツマンはかならずしもスポーツ理論につよくないし、経営者と経営学者はおおむね別人である。しかしスポーツマンがスポーツ理論家の分析をとりいれれば、記録はいっそう向上するだろうし、経営者は経営学者の理論から、役にたつものをたくさんまなびとることができるだろう。

おなじことが、家事についてもいえそうだ。家庭の主婦は、家事の専門家というほどのものではないにしても、すくなくとも家事の実務家である。主婦たちは、一種の実務家として、こまごましたさまざまな技術を身につけて、それによって家事を処理しているものだが、それを理論的にとらえているわけではないから、しばしばその技術は、型にはまって、身うごきがとれなくなっている。その点、男というものは、そとで、会社の経営だとか、工場の技術だとか、さまざまなことがらの処理の仕かたを、みてしっているものである。

そういう経験からの発言は、家庭の実務家としての主婦にとって、しばしば理論家の側からのアドバイスとして、有効に作用しうるものだとおもうのである。

この「家事整理学原論」の講義も、「シャカに説法だわ」などとおっしゃらないで、やや体系的な岡目八目理論の一種として、しばらく耳をかたむけていただきたいとおもう。

主婦はたいていデモシカ主婦である

家事というものは、だれにでもできるもので、とりたてて専門的業務といわなければならないようなものではない。このことは、たいへんだいじなことである。「家事をもって専門的業務の一種とはかんがえない」というのが、わたしの家事整理学原論の第一課なのである。そして、このことが、これからあとの理論を組みたててゆくうえの、基本的な命題となる。

主婦というものは、専門職ではない。女性は、だれでも主婦になれる。男だって、主婦の仕事を代行するくらい、わけはない。ほかに仕事があるから、やらないだけのことである。そういう意味では、主婦職というのは、デモシカ先生とおなじである。ほかにいい仕事もないので、学校の先生にでもなろうか、といって先生になったひと、あるいは、ほかになにもできないので、先生にしかなれない、といって先生になったひと、そういう先生がデモシカ先生とよばれているわけだが、その意味では、家庭の主婦というのは、たいていはデモシカ主婦である。ほかにする仕事もなく、できもしないから、主婦になっているのである。そんな仕事が専門職であるわけはない。

もっとも、今日では大学でも家政学などという学科があって、そこで家事のことを専門におしえている。しかし、べつに大学の家政科をでなくても、主婦になれるし、家事をとりおこなうこともできる。その点、専門教育といっても、看護婦や理容師になるための学校とは、本質的に意味がちがうのである。家事の学問なんて、しょせん擬似学問だし、家事の専門家などといっても、やはり一種の擬似専門職である。今日おびただしく存在する女子短大家政科などというものは、そういう擬似専門職の大量養成機関であるとおもえばよい。

わたしは、それでよいとおもうのである。家事を、専門的業務とかんがえなくてよいのである。むしろ、家事を、専門的業務にしてはいけないのである。家事は、だれにでもできるもの、片手間でもできるもの、そういうものにしておくのが、家事というもののほんとうのありかただ、とかんがえているのである。

家事の肩がわりは家庭の進化

ところが、主婦というものは、自分の家事労働の価値を、亭主や子どもたちにみとめさせたいために、しばしば、家事をもってかなり高級な真性専門職の一種とかんがえたがる傾向がある。ただかんがえたがるだけでなく、ほんとうに、家庭のなかで、いろいろと手のこんだ、むつかしい仕事をつぎつぎと開発して、主婦職をして真性の専門職にちかいところまで仕たてあげてしまうこともあるものだ。

わたしは、そういう傾向を、おおむねばかげたことだとかんがえているのである。家事のなかに、専門家や熟練工でなければやれないような部分をこしらえるのがおかしいのであって、そういうものは、そもそも家事のそとに追いだして、ほんとうの専門家や熟練工の手にまかせるべきなのである。

たしかに、むかしはなにもかも家庭でこしらえた。布を織ることから酒つくりまで、家事のうちにふくまれていたのである。その時代には、ほんとうにむつかしい専門的業務であったし、主婦は真性の専門職であった。だから、一人まえの主婦になるには、家刀自《いえとじ》のもとで、永年の修業を必要としたのである。

しかし、いまはちがう。修業なんか、必要はなくなってしまった。だれでも、結婚したらその日から、あるいは結婚なんかしなくても、りっぱな主婦になれるのである。それだけ世のなかが便利になり、家事の内容が簡易化されたのである。むかしの家事の内容をなしていたもののうちから、むつかしいものはおおむね脱落して、ほんとうの専門家の手にわたってしまったのだ。家庭からは家事がだんだんすくなくなり、そのかわり、世のなかにはそれだけ、主婦にかわって家事の肩がわりをする専門的職業がふえたのである。それが家庭の進化というものであり、文明の進歩というものであった。

家事のいそがしい家庭には欠陥がある

だから、現代の家庭についていえば、家事がすくない家庭ほど、進歩した家庭である。そしてあまり家事をおこなわない主婦ほど、すすんだ主婦なのである。主婦がいっこうに家事らしい仕事もしないで一日ぼんやりあそんでくらせるようになっている家庭は、たいへんりっぱな家庭である。主婦が家事熱心で、いろいろごちゃごちゃと、手のこんだ、むつかしい仕事をつくりだして、主婦業を真性の専門職にちかいものに仕たてあげているような家庭は、まさに時代逆行の家庭である。朝から晩まで家事に精をだす主婦というのは、ちょっとみると、いかにもりっぱな主婦のようにおもえるが、ほんとうは、そうではない。主婦が朝から晩まで家事のためにはたらかなければならぬというような家庭は、どこか大欠陥があるものとみていい。

家事というものは、すくないほどよい。これは大原則である。じつは、「家事整理の技術」というのも、家事をへらすための技術であるとかんがえてもよい。家事技術をいろいろくふうした結果、家事がますますめんどうなものになった、というのではなんにもならない。つまり、なるだけ家事をおこなわないですませる、というのが、家事技術研究の目標なのである。

家事減少の傾向は、これからますますはっきりしてくるだろう。将来は、家事というものは、まったくなくなってしまうか、あるいは問題にならないくらいちいさなものになってしまうだろう。こうかんがえると、今日の家庭において、だいたい、家事をとりおこなうための専従者が存在するということ自体が、ある意味では、未開の証拠である。文明がすすめば、そういうものは不要になる。つまり主婦という職業は、いずれは消滅すべきはずのものである。

ここに、家事整理学原論の講義をはじめるにあたって、とくに心にとめておいていただきたいのは、この点である。家事整理をとりおこなうのは、主として家庭の主婦であろう。しかし、その家事整理のむかうべき大方向は、あきらかにそれをおこなう主婦自身の役わりを否定することなのである。「主婦追放」が、家事整理の基本的原理なのである。

家計と趣味は整理に優先する

家事というものは、なるだけやらないですませることがたいせつなのである。家事整理学とは、家事を最小限ですませるための技術の体系であるといってよい。たとえばそうじである。どうすれば室内をよりきれいにそうじできるかとかんがえるまえに、どうすればそうじをしないですむかをかんがえるのが本すじなのだ。「そんなむちゃな」とおもわれるかもしれない。しかし、わずかなくふうで、そうじの回数をへらすことはできるはずだ。木綿わたのふとんのあげおろしをやめるだけで、ほこりはうんとへる。日本の家庭でやたらとほこりがふえたのは、木綿をつかうようになってからだ、というのは、柳田国男がその著『木綿以前の事』(註)のなかにかいている説である。

電気掃除機が、そうじ道具として、ほうきとはたきよりも決定的にすぐれているのは、それをつかえば、「ほこりのやどがえ」ではなくて、ほんとうにほこりをすいとってしまうという点である。その結果、そうじの必要回数はあきらかにへる。極端なことをいえば、洗濯なんて、しないでおこうとおもえばしないですむ。全部洗濯屋にだせばいい。あるいはよごれたらすててしまえばいい。皿あらいだって、やめられないわけではない。一回ごとにすててしまう紙食器も市販されている。ただ問題は、そういうやりかたは、たいていいくらか費用がかさむということと、もうひとつは、趣味的にぐあいがわるいことがおおい、ということである。食事はやっぱり瀬戸ものの皿でとったほうがうまいだろう。

家計と趣味は、家事整理技術に優先し、それを規制する枠である。その枠をみとめつつ、その枠内で、できるだけ家事をしないですませる方法をかんがえるというのが、この技術学の本旨なのである。

（註）柳田国男（著）『木綿以前の事』一九三九年五月　創元社
これは「定本　柳田国男集」におさめられている。
柳田国男（著）『定本　柳田国男集　第一四巻』一九六二年五月　筑摩書房

完全主義の道徳論はやめよう

家事というものは、やりだしたらきりのないものだ。そして、やらずにすませる気になれば、大はばに省略できる。必要なのは、なるだけ家事をやらないですませる気になること、これである。これは、かんたんなようで、あんがいむつかしい。

主婦が、なるだけ家事をやらないですませよう、という気になるのをさまたげている要素はいくつかあるが、そのひとつは、潔癖である。

朝から晩までそうじをしていなければ気もちがわるいというひとが意外におおいが、あれは、一種の病気みたいなものである。潔癖症がなおれば、家事は大はばにへる。

もうひとつ、家事減少の障害になるのは、完全主義の倫理学である。部屋のすみにほこりがのこるようなそうじの仕かたをする主婦は、心がけがわるいのだ、というかんがえかたである。障子のさんや、窓枠などを指の腹でこすってみて、ほこりがのこっているかどうかを検査するというのは、ヨメいびりのシュウトメや、戦前の軍隊の意地のわるい下士官たちが、このんでやった方法である。どちらにせよ、ほんとうの清潔とか衛生とかにはあまり関係がない。道徳を武器に、よわいものをいじめているだけである。

なんだって、完全にやろうとおもえば、手間が何倍もかかる。この完全主義の倫理学のおかげで、どれだけ家事がやっかいなものになっていることか。しかし、完全主義といったところで、なにごとも一〇〇パーセント完全にはゆかないものだ。どうせ相対的な話である。完全主義の道徳論は、やめたほうがよい。

「ぶしょうもの　四角い部屋をまるくはき」という川柳がある。これが、家事整理学の真精神である。すみにほこりが少々のこったところで、たいしたことではない。

家事は自己増殖する

家事というものは、お役所の事務に、たいへんよくにたところがある。お役所の事務も、完全にとりおこなおうとすれば、それこそきりがない。しかも、やらないですませる気になれば、やめてしまってもさしつかえない部分がずいぶんあるのだ。しかし、役所にも、あきらかな完全主義的倫理学の伝統が生きていて、帳簿には一円のまちがいもあってはいけないのである。一円のまちがいもないようにやるために、どれだけ事務がやっかいになっていることか。

事務というものは、誠実におこなうほど仕事の量がふえてくる。事務をおこなうための事務が発生し、その事務のためにまたあらたな事務が必要となる。事務は、自己増殖するのである。数年まえに世界的にもてはやされた「パーキンソンの法則」(註)というのは、その、官庁事務の自己増殖を皮肉ったものであった。

じつは家事についても、「パーキンソンの法則」に似たようなことがおこる。家事というものは、うっかりしていると自己増殖する。家事を誠実にとりおこなおうとすればするほど、あたらしい家事がうまれてくる。家事をおこなうための家事をおこなうための家事……という無限連鎖がでてくるのである。そこで、誠実な主婦ほど家事に忙殺されて、ほかのことはなにもできない、ということになる。

役人も主婦も、仕事に対して誠実であればあるほど、自己増殖する無意味な仕事のわなにかかって、どうにもならなくなるものだ、ということは承知しておいてよい。そこから脱出するためには、おもいきった覚悟が必要である。主婦の場合でいえば、家事に対する誠実さを放棄するほかはない。つまり、家事というものは、いいかげんに、ちゃらんぽらんですませるほかはないのである。本気になって、家事をサボるくふうをかんがえるべきなのである。

（註）C・N・パーキンソン（著）森永晴彦（訳）『パーキンソンの法則』（至誠堂新書）一九六五年四月　至誠堂

主婦は多忙をたのしんでいる

家事をなるだけやらないですませる、という方針をつらぬくことは、かなりむつかしいようだ。それは家事担当者たる主婦自身の心のなかに、この原則に対してつよい抵抗をしめすものがひそんでいるからである。主婦たちは、家事のめんどうさ、わずらわしさをこぼして、家事整理学の秘訣をおしえてもらいたがったりするけれど、ほんとうは家事をたのしんでいるひとがおおいものだ。あるいは、家事がなくなったらなにをしてよいかわからなくなるので、家事にしがみついているひとがおおいものだ。なかなか容易なことでは、家事を手ばなしたりするものではない。そういうひとを相手に、家事整理学を講義しようというのだから、骨のおれる話である。

じつは、この点でも、家事とお役所仕事はかなりよくにている。お役人たちも、お役所の事務の大部分は、やらなくてもさしつかえないことは、よくしっているのだけれど、けっしてその事務を手ばなそうとはしない。そして、口ではくりかえし、仕事のめんどうさ、わずらわしさをこぼすし、行政事務の簡素化というようなことをいうのである。しかし、事務の簡素化はなかなかうまくゆかないものだ。お役人に、本気で事務をやらないですませようという気がないからである。かれらは、それだけ事務に対して誠実なのである。

官庁事務や家事を、なるだけやらないですませるということは、ほんとうにむつかしいことなのである。役人も主婦も、じつは、すべて承知で不必要な仕事をやっているのだ。かれらは、心の表層の部分では、事務の簡素化や家事の整理をかんがえるけれど、心の深層の部分では、むしろそれに抵抗して、反対に、事務や家事の複雑化のほうを、つよく期待しているからである。それこそが、自己の存在をささえる最大の根拠であることを、よくしっているからである。

家事担当者でもない人間が、なぜ、岡目八目的家事整理学原論をかかねばならぬことになったのか、その理由も、どうやらおのずからあきらかなようだ。

システム・エンジニアリング

主婦たちの、深層心理における抵抗を適当にみとめながら、もうすこし具体的に、家事整理学についてかんがえてみよう。

家事整理学は、あきらかに一種の技術学であるが、どのような種類の技術学に属するか。

大学の家政科では、住居学、被服学、食物学など、こまかくわかれた専門科目が教授されているようであるが、そういう細分化された専門科目をよせあつめて、そのまま総合的な家事整理学になるとはおもえない。総合のためには、別個の視点が必要なのである。

わたしは、家事整理学というのは、最近はやりかけているシステム・エンジニアリングの一種だとかんがえている。システム・エンジニアリングというのは、組織工学とでも訳すべきだろうが、とにかく、ある仕事をするのに、必要な機械や設備をどのように配置結合し、人間をどのように編成し、手順をどのようにするのがよいかをきめるための技術である。それを、家庭についてかんがえると、つまり家事整理学そのものになる。

それは、家庭というものを、ひとつのシステム（系）とみる見かたにたっている。家庭ということばは、「家庭の事情」とか「家庭裁判所」などという場合にみられるように、家族間の人間関係に重点をおいてつかわれることがおおい。しかし、あたりまえのことだが、家庭は人間だけでできているわけではない。それは、家族としての人間と、その人間に付随しているさまざまなモノとからできているのである。まず生活の場としての家があり、その家のなかには生活に必要な、あるいは必要のない、いろいろな道具や材料がおかれている。家庭というのは、それらの人間と物質のすべてで構成しているひとつのシステムである、という見かたなのである。

システムにおいては、各部分が、ただ漫然とよせあつめられているのではなく、全体としてのまとまりをもっているものだ。そして、どの部分も、全体との機能的なつながりをもっている。おなじ部分品をつかっても、その組みあげかたによって、いろいろなシステムができる。どのような組みあげかたをすれば、もっとも機能的にすぐれたものができるか。それを、家庭というシステムについてかんがえるのである。

家財道具をもちすぎる

まず、家庭というシステムにおける、モノの空間的配置の問題をかんがえてみよう。

現代の家庭では、おおむね、空間のおおきさのわりには、モノがおおすぎるようにおもわれる。どこの家庭でも、やたらと家財道具がたくさんあって、かたづきがわるくてこまっているのである。そこで「モノのかたづけかた」をおしえてくれ、ということになる。主婦たちのあいだで、「整理学」に対する要求がたかいというのは、たしかに、そのような家庭における空間のおおきさとモノの量とのあいだのアンバランスという、おおくの家庭に共通のなやみが存在するからであろう。

この問題については、一般的にいえば、たいていの家庭がモノをもちすぎているのである。もつべからざるモノを、もちすぎているのである。室内の整理をうまくやろうとおもうなら、モノをもたないようにすればよい。さきにのべたように、家事はできるだけしないですませるという原則にしたがえば、家財道具のかたづけかたを研究するよりまえに、かたづけたりする必要がないようにすればよいのである。つまり、なるだけ家財道具をもたないようにするのである。

「ばかにするな」といいたもうなかれ。これはほんとうなのだ。あなたの家庭のなかにあるすべてについて、家庭をひとつのまとまりあるシステムとして運営してゆくうえに、ほんとうに必要であるかどうかを検討してみられるがいい。どこの家庭でも、不必要なモノを、ずいぶんかかえているものだ。はじめからもたないようにしたほうがよかったのである。

「買わない」は工学的禁欲

モノをもたないようにする方法は、ふたつある。ひとつは、「買わない」ことである。もうひとつは、「すてる」ことである。まず「買わない」ほうからのべる。

一般に現代の家庭は、モノを買いすぎているのではないか。あるいは、モノの買いかたがでたらめになっているのではないか。店頭でなにか便利そうなものをみたら、とたんにほしくなって、買ってしまう。こういうのを「衝動買い」というのだそうである。それに対して、家庭の現状の機能分析から、必要な品物をわりだして買うのを「計画買い」とでもいっておこう。衝動買いも、買いもののたのしさという点ではなかなかすてがたいだろうが、買ったあとの品物の運命をかんがえると、ずいぶん問題がある。システムとしての家庭の必要からわりだしたものではないから、一見便利そうにみえる道具でも、家庭にいれてみると、どうもなじみがわるくて、宙にうくのである。家庭の側からみれば、そういう品物がおおいほど、システムとしての統合性がわるくなり、機能がおちるのである。モノを買うときには、あたりまえのことだけれど、必要な品物のイメージが、機能からデザインにいたるまで、わりだされていなければならない。そして、そのイメージどおりの品物が出現するのを、根気よくまつのである。

それから、なにを買うにもおき場所を第一にかんがえるのも当然であろう。そういう原則が意外に無視されているために、団地ずまいのせまい部屋がおおかた家財道具で占領されて、ねる場所もない、などということになるのである。結婚のまえに、どんな家にすむのかわからないうちに、家具類を買いそろえる習慣があるが、あれはまったくむちゃというものだ。

車庫の敷地もないのに、自動車を買ってはいけないのである。それはシステムを破壊する。品物の整理学をかんがえるまえに、まず、欲望の整理学をこそ、かんがえるべきなのである。禁欲というと、道徳くさいにおいがするが、システム・エンジニアリングをもとにした、「工学的禁欲」もありうるのである。システムとしての家庭の、機能的秩序のための禁欲である。

「すてる」は整理の花形

つぎは「すてる」問題である。これは今日の家事整理学における花形的話題である。家事整理学における「すてる」ことの重要性については、認識がひじょうによく徹底していて、どの主婦も、「整理の秘訣はすてることである」などと、のたまうようになった。ひとむかしまえの主婦たちが、なにはともあれ、「だいじにのこしておく」ことを整理の第一原則にしていたのにくらべると、まったく、えらいちがいである。

しかし、それだけ認識が徹底しているのに、どれだけ「すてる」ことが実行されているかというと、はなはだ疑問である。ある新聞の家庭欄で、「すてる」という特集を企画して、主婦たちの手記を募集したことがある。そのときの応募作文は、ほとんど全部おなじタイプだったそうだ。まず、「すてる」ということがどれだけたいせつなことかを、主婦たちは説く。そしてつづいて、「しかしわたしは……」とくる。そのあとにかいてあるのは、ある不要になった品物を、すててしまうまえに、「わたし」が、いかに巧妙に廃物利用を実行して、更生させたか、その実例がかいてある、というのである。

なんのことはない、要するに、「すてない」のである。日本の主婦は、「すてる」という題で、廃物利用や更生のことをかんがえるのである。「すてる」ということの意味がわかっていないのである。「すてる」ということの意味は、廃物利用や更生をしない、ということなのである。つまり、システムとしての家庭のなかで、ひとつの機能をはたしおわった品物は、ほかの機能に転用することをかんがえないで、システムとしての家庭からとりのぞく、ということなのである。廃物利用や更生品は、どうしても、たいして必要でもないものをこしらえだしてしまう結果になるものだ。存在がさきにあって、用途をむりにつくりだすからだ。よけいなものを衝動買いで買いこんだのとおなじことになる。

「すてる」にしくはない。

消費美徳説では「すてられない」

今日においては、「すてる」という行為は、現代の消費文化とふかいつながりをもつものと理解されているようである。「消費は美徳である」などという文句とともに「すてる」ことと「消費する」こととが、どこか同義語のように感じられているふしがある。

それによって、むかしとちがって「すてる」ことは美徳とはいかないまでも、すくなくとも是認され肯定されるようになったのだが、それとともに、「消費は美徳である」などという文句のもついかがわしさに対する抵抗感も、いっぽうでは存在するのだ。

「すてる」という題で、主婦たちが廃物利用と更生をかんがえたとしても、非難はできない。そこには軽薄な消費文化などとはべつに「存在するものは、すべて、その生命をまっとうせしめよ」という、なにかひじょうに日本的な生命観、物質観のようなものがかくされているようにおもう。アメリカ製の「消費美徳説」では、かんたんに「すてられない」のである。

「すてる」方法にも問題があるようだ。「すてる」といっても、背広をごみ箱にぶちこんだりする必要はない。よその、ほしいひとにあげてもよいし、売りはらってもよい。要するに、システムとしての家庭からとりのぞけばよいのであるが、そのルートが、ほとんど整備されていない。アメリカあたりのほうが、かえって古物交換市が発達していて、「存在するものの生命をまっとうせしめている」のである。日本では、ほんとうにごみ箱にすててしまうほかはない。あんまりもったいないから、つい更生策をかんがえるということにもなるのである。

廃物処理——利用ではない——のひとつの方法は、なにもかももやしてしまうことだ。火はすべてを聖化する。すべての物質は、火に化することによって、生命をまっとうしたことになるのである。わたしは各戸において、完全燃焼炉をそなえつけることをおすすめする。そして、その結果でてくる熱エネルギーが、うまくお湯をわかしたりするのに利用できれば、もうしぶんがない。物神は、熱として更生したのである。

家庭は生物に似ている

「すてる」という問題は、システムとしての家庭の、ひじょうに重要な性質に関係があるようだ。

家庭を、もしなにかほかのものにたとえるとすれば、なにに似ているか。

家庭を会社にたとえる見かたもある。ひとつの経営体とみて、旦那が社長で細君が専務で……というような話である。そういう見かたもできないことはないが、それは人間関係についてだけだ。モノをふくめてのシステムとしては、会社のたとえはきかない。モノの出いりについていえば、家庭がいちばんにているのは、有機体である。つまり生物である。

外界から物質とエネルギーをとりいれて、それを消費し、生活する。そして、老廃物を外界に排出する。つまり、新陳代謝をおこなうのである。その観点からもういちど「すてる」ということを見なおすと、「すてる」ことはつまり老廃物を排出することにほかならない。生物にとって、排泄がいかにたいせつなことであるかは、いうまでもない。排泄がとまったり、停滞したりすれば、有機体はとうてい健康な生命を維持できない。押しいれのなかに、いっぱいがらくたをためこんでいるなどというのは、便秘症みたいなものである。

　廃物利用ということも、こうかんがえれば、意味がよくわかる。人間の排出物だって、まったく役にたたないわけではない。すくなくとも、肥やしにはなる。だからといって、廃物利用のために、庭に畑をつくるのは、まったくばかげているだろう。いつかは役にたつかもしれないなどとおもって、ためておかないで、さっさとながしてしまいなさい。

　新陳代謝をなめらかに進行させるためには、そのためのルートが必要である。それにはいろいろなくふうが可能であろう。たとえば、くず籠をすべての部屋におく。すて場がなければ、なかなか「すてる」ことをしないものだ。できることなら、焼却炉でもやしてしまう。焼却炉は、新陳代謝の終点という意味でも、ひじょうにたいせつである。各家庭の新陳代謝のあと始末を、役所がろくにやってくれないような現状では、各家庭は、自分で始末をつけるほかはない。

家庭の非合理性こそたいせつ

いま、家庭を企業体にたとえてみる見かたがあることをのべた。ついでに、もうすこしそのたとえについてかんがえてみよう。

最近の経営学ブームにのって、そういう見かたがでてきたのもうなずけるが、よくかんがえてみるとあまりうまいたとえではない。奥さまもりっぱな経営者だ。ホーム・マネージメントをうまくやりなさい、とおだてるにはよいが、家庭というものは、いくら奥さまがりっぱな経営者ぶりを発揮しても、会社の業績すなわち収入にはあまり関係がない、という点を見おとすわけにはゆかないのである。家庭は、どんなにうまくやっても、生産規模を拡大して大企業に成長するということは、絶対にないのである。

ここに提出している問題は、家事整理学原論の、根本問題のひとつなのである。だれでも、家事の合理化とか、家庭の合理的経営とかをかるがるしく口にするけれど、その「合理化」とか「合理的経営」とかいうのは、いったいどういうことなのか、これは、よほどよくかんがえておかなければ、妙なことになる。

家庭と企業とは、かなり本質的なところでちがうのである。会社や工場は、ある目的をもって編成されたシステムである。だから、目的からわりだして、合理性を追求できるのである。ところが、家庭というものは、いわばはじめから存在するものだ。すくなくともある明確な目的をもって編成されたシステムではない。たとえば、あなたはなにかはっきりした目的をもって家庭をもったのだろうか。こういう、明確な目的を設定できないようなシステムにあっては、合理主義というものも、一義的な結論をうちだすことはできないものだ。

家庭の合理化などということは、うかつにはいわないほうがよい。会社や工場なら、不適当な人間を配置転換することもできるし、場合によってはクビにもできる。しかし家庭にあっては、年よりが不要になったからといって、やめさせるわけにはゆかないのだ。さまざまな人間集団のなかでも、家族は、もっとも合理性からとおいものだということは、わすれてはいけない。

むしろ、その非合理なところをこそ、たいせつにしなければならないのだ。それが、家庭のとりえである。企業体というものが、合理性を原理としているゆえに、どれほどのきびしさをもっているかをかんがえてみるがよい。そこではどれほどはげしい人間疎外がおこっているかに注目するがよい。そういうものを、家庭にもちこんではならないのだ。家庭というものは、合理性で貫徹できないところがよいのである。だらしなさこそは、家庭の幸福のエッセンスである。

わたしも、家事整理学をもってシステム・エンジニアリングの一種だといったが、工学というものにつきものの合理主義は、少々もてあましているのである。こと家庭に関しては、なにが目的で、どうなるのが合理的なのか、はっきりしないからである。目的論的発想法をとらずに、進化史的な見地から、家事はだんだん消滅してゆくものですよ、というにとどめたのは、そのせいである。

家事の熟練工は時代おくれ

家事整理学において、時間の問題は、どのようにかんがえればよいか。

要するに、みじかい時間で家事がかたづくようにすればいいのはわかりきっている。時間の問題は、エネルギーの問題でもある。すくないエネルギーで家事がかたづくよ

うにすれば よい。できれば、なにもしないですめばいちばんよい。

時間とエネルギーは、熟練によって、かなりの程度に節約できる。しかし、主婦が熟練工になることによって、家事が克服されてゆくというやりかたは、完全に時代おくれである。戦後における、家庭電気器具の大量開発は、デモシカ主婦によってもりっぱに家事が処理できるという状況を実現したという点において、革命的であった。家事の機械化によって熟練工は不要になったのである。電気洗濯機や電気掃除機を採用することにもっとも抵抗したのは、しばしば、中年以上の主婦であった。ふるいやりかたの熟練工が、あたらしい機械の出現を白眼視することは、どこの工場でもみられる現象である。

手順化ということも、時間とエネルギーの節約をおおいにたすけるだろう。いろいろな道具のならべかたをくふうするだけでも、ずっと便利になるはずである。主婦の知恵のみせどころだ。いろいろとかんがえてください。

ただし、能率ということをふかくかんがえても、家事の場合はあんまり意味がないだろう。能率というのは、仕事とそれに要する時間との比率である。たとえば、洗濯をするのに、洗濯屋は能率をたかめて、できるだけたくさんの洗濯ものをこなそうとする。はたらく時間を一定とすれば、能率がたかいほど収入がふえるからである。しかし、家庭では、べつに能率がたかくなる必要はまったくない。ただ、一定の洗濯ものが、みじかい時間に、らくにこなせたらそれでよいのである。これは、能率の問題とにているようだが、たいへんちがう。そのちがいは、つぎのことをかんがえてみれば、はっきりするだろう。家庭では、洗濯をしないですませたら最高だ。しかし、洗濯屋が、洗濯をしなかったら、これは一家の破滅である。

手をぬくのが整理の第一原理

時間とエネルギーの問題に関しては、ふるい家事のやりかたは、ゆとりがあった、というと聞こえはよいが、要するにいくら時間がかかっても、エネルギーがいっても、しなければならぬことはしなければならなかったのだ。その点、家事をやってゆくのにも、きびしい道徳性がともなっていたのである。家事のやりかたは、つねに道徳的批判の対象となった。ヨメは、主婦は、家族や親類の、近所の人たちの道徳的監視のもとに、家事をおこなうにも、きびしい精神的緊張をしいられていたのである。

あたらしい家事のやりかたは、合理化というかたちをとってあらわれた。それは、さまざまな科学的根拠のもとに、もっとも合理的とおもわれる家事のやりかたを指定する。それは、家事のやりかたを、道徳的批判からは解放したけれど、そのかわりに、あたらしく技術的批判をもちこんだのである。その点では家事をする人間は、やはり一種の精神的緊張をしいられるのである。

合理化論でゆけば、家事を合理化するための努力は、いとうべきでない。だから、ときには、家事はひじょうに精緻なものになってしまう。器具をみがくにも、それぞれの材質に応じて、みがき粉がことなり、みがきかたもちがってくる。そのほうが、あきらかに「合理的」なのだ。しかし、手がかかり、やっかいである。

わたしの家事整理学原論は、このどちらともちがって、手をぬくことが第一の原理となっている。努力どころか、なまけることを全面的に肯定する。デモシカ主婦が、できるだけなまけて家事をおこなえるように、かんがえてゆくのである。できることなら、なにもしないですまそう、というのだから。

たとえば、家計簿をとりあげてみよう。家計の合理化のためには、家計簿はあきらかに有用である。できるだけ精密に記帳し、それを分析し、つぎの家計の指針にする。

けっこうなことだ。場合によったら、経営簿記のように、家庭簿記というようなものをつくりあげたら、ひじょうに役にたつだろう。しかし、わが家事整理学の原理からいえば、それを主婦が実行するのはばかげている、ということになる。やりたかったら家庭簿記のための専門の計理士をやとえばいい。

わたしは、家計簿が役にたたないといっているのではない。つけずにすますこともできるといっているだけだ。役にはたつけれども、しなくてもよいということは、世のなかにはいくらでもある。しなくてもよいことは、しないですまそうというのが、わが整理学の原理なのである。

家事整理の皮肉な結果

さて、いよいよ、わが家事整理学原論における、最後にして最大の問題にさしかかることになった。

すでにくりかえしのべたように、この家事整理学原論をつらぬく最大の原理は、「家事は、なるだけしないですませよう」ということである。そして、最近の家庭におけるさまざまな技術革新の結果、むかしにくらべて、家事は大はばに減少したのである。家刀自の熟練にかわって、デモシカ主婦のちゃらんぽらん家事で、じゅうぶんやってゆけるようになったのである。

この傾向は、ますますはっきりしてくるだろう。そして、主婦たちは、ますます家事に追われることがすくなくなるであろう。そこで問題はこうである。この主婦たちは、ますますういてくる時間とエネルギーを、これからなににつかうようになるのだろうか。

ここで、たいへん奇妙なことだけれど、わたしは、さきにものべたとおり、主婦たちの家事ずきということをおもいださないわけにはゆかない。彼女たちは、しばしば、複雑で、微妙で、手のこんだ家事をいっぱい開発して、それを真性の専門職の仕事にまでたかめようとするものだ。そして、お役人たちが事務に執着しているように、主婦たちは、心の深層においては、家事の複雑化をこそ期待しているのであった。

そこで、家事がひじょうに減少して、ひまになったあかつきに、主婦たちが、こんどこそたのしく身をまかせる仕事はなにかというと、おそらくはいちばん可能性のたかいのは、なんと「家事」であるといわねばならないのである。

技術学として、システム・エンジニアリングの一種としての家事整理学が、その発達のきわみに、大量の家事に陶酔する主婦群をつくりだすのである。こういうことに気がつかないで、一所懸命、家事をしないですませる方法をかんがえるというのは、これもしょせん男性による岡目八目的理論であるせいだろうか。また、なにをかいわんや、である。

すてるモノとすてられないモノ

――家事整理学原論Ⅱ

解説

雑誌『暮しの設計』はまえの特集「家事すべての整理学」がたいへん成功したので、翌年ふたたびこの問題をとりあげた。こんどもわたしはそれに寄稿することになった。

こんどは、談話によって原稿をつくった。話のひきだし役は、当時『暮しの設計』の編集部次長であった藤田良一氏であった。中央公論社内でわたしがインタビューをうけ、それを速記にとった。そして、その速記原稿に手をいれて、全面的にわたしがかきなおした。こうしてできたのが、この項である。それは『暮しの設計』一九六七年九月号に掲載された。(註)

(註) 梅棹忠夫(著)「捨てるモノと捨てられないモノ——続・家事整理学原論」『暮しの設計』九月号　第五巻第五号　通巻第二九号　七一—八〇ページ　一九六七年九月　中央公論社

家事は能率ではない

——家事の整理学ということをもうしますと、一般には、合理主義で家事をとりしきることだとうけとられがちです。先生は、家事整理学を、一種のシステム・エンジニアリングだとする視点を導入されたのですが、それとともに、あるいはそれにもかかわらず、家庭と会社はちがうんだといっておられる。家庭と企業とはかなり本質的なところがちがっている、むしろ家庭の非合理なところをたいせつにしなくてはいけない、家庭というものは合理主義では貫徹できないところがいいのだ、とおっしゃっていますね。しかし、一般には、家事整理学というと、イコール合理主義という見かたがあるようにおもいますが……。

梅棹　わたしは、家事整理学は単なる合理主義ではうまくゆかないということを力説したつもりだけれど、あれだけかいても、やはり、これは合理主義だとみるひとがいますね。とにかく家庭では「能率」をかんがえたって、しようがないとおもう。能率の問題とはちがいますよ。じつは、いまや会社でも、能率が最大の問題ではなくなってきているとおもいます。いまは、会社でも、能率をあげたらこまるような事情がいっぱいある。もしほんとうに高能率になってきたら、つぶれる会社が続出するとおもうな。まえからの従業員は、おいておかなければ仕かたがないのです。いらんといったってクビにできない。クビにしようとおもったら、ストライキがおこって会社がつぶれるんです。いまやそういうようになってきている。いままでなら、クビにできた。だから合理主義が貫徹できた。ところが、ちかごろは経営合理主義というのは挫折せざるをえなくなった。会社がそれだけ人間化されてきたんですよ。ヒューマニゼーションがすすめばすすむほど、非合理にならざるをえない。合理主義のほうが譲歩するんです。

——会社が家庭のレベルに……。

梅棹　そう、家庭のレベルにあがってきた。そもそも合理主義というものは、工業時代前期には、たいへん有効で効率的なもののかんがえかたであった。しかし、今日では、ぐあいのわるい点がたくさんでてきている。一般には、合理主義がよいと信じられているから、なっとくのゆくように説明しなければなりませんが、一般にいわれている意味の合理主義というのは、ある目的を設定して、それにもっとも適合する方法を採用するということでしょう。すると、ある目的を設定しなければ合理的にできない。目的を設定するというのは、いくつもあるうちからひとつの目的を選択するということでしょう。そのほかにいろいろ副次的目的などがありうるのを、全部きりすてるということです。いくつもあることのなかから、ひとつを選択する。そこにそもそもおとし穴があるんですね。人間のいとなみに、単純にひとつの目的を設定することと自体がむりなんです。そういうことをすると、きりおとされたところがあとでふきだしてくるのですよ。そして、はじめの合理主義が破産せざるをえなくなる。かんたんにいえば、合理主義的発想法そのものの自体に、そもそも原理的欠陥がある。たとえば、家庭でいえば、あなたはなにか目的があって結婚しましたか？　結婚の目的はなにか、ということです。結婚生活というようなものに、単一の目的を設定して、合理的に生活することなんてできないでしょう。

もっとも、日本の場合は戦後の特殊事情がありまして、戦前がいわば一種の慣習主義というか、超合理的権力主義というものが支配していたでしょう。それに対する反動として、合理主義がワッとでてきたんですね。だから時代的に意味がないわけではない。しかしいまは、もうすこしかんがえなければならないとおもいますね。

家族の啓蒙

――家庭というものが、本来、合理主義では律しきれないということですね。そうすると、家事の実務家である主婦は、家庭というものをどうかんがえたらよいのか。家のなかにあるモノとそこにすんでいる人間との関係をどうかんがえるか。そこから整理の技術の問題がでてくるとおもいます。

梅棹　おそらくこのまえ問題にしたのは、家庭はひとだけでできているのではない、モノがいっぱいある。モノをどう処理するかが、家庭のひとつの問題だということをいってきたのですが、こんどはそれを逆転させてかんがえることもできます。家庭は物質だけでできているわけではない。やはり人間がかかわっている。そこで家事整理の問題でも、ひとつの困難がある。主婦が家庭の全物質系の支配権をおさえていないということ、あんがい、家事をにぎっているのは主婦以外の家族のひとではないかということです。これはおおきな問題だとおもいますね。家庭にもよりますが、主婦が主婦権を行使して処理できる物質系は、意外にかぎられているのではありませんか。モノを「すてる」ことだけではない。たとえば「四角い部屋をまるくはく」ということが、そもそもできない。ほかのひとがうるさくてそうさせないのです。家事をなまけるということに対する道徳的批判が、家庭内部にひじょうにおおいのだとわたしはおもいますね。

――具体的になくても、心理的圧迫としてでも規制しているでしょうし。

梅棹　いままでの家庭でしたら、いちばんひどいのがシュウトメさんで、そのつぎに夫ですね。そのつぎが子どもです。子どもはあんがいおおきな批判者です。子どものつきあげです。子どもというのは道徳家ですから、母親に対する批判というものが、いつもそうとうあるのだとおもいます。母親のほうでも、子どもに対するしつけという道徳教育的意識がでてくるでしょう。自分がお手本にならなければならない。そうすると徹底的に家事をなまけるというわけにはゆかなくなる。

――家族を構成している人間全部が手ぬきをかんがえる、あるいはなっとくしなければできないということですね。

梅棹　そうです。みんながなっとくすればできるんです。しかし、なかなかなっとくしませんな。

――主婦の支配権ということでしたけれど、それは支配権のおよばない場所があるということですか。

梅棹　家庭における主婦の主権というものは、意外に制限された主権だということです。ですから整理学を実行するためには、まず家庭教育からはじめなければならない。やはり主婦がプロモーターになって、あるいはアジテーターになって、家族に整理の観念をおしえていかなければならないということですね。

――家族が理解するというのは、家事を理解するということですか。

梅棹　いままでですと、家族に家事を理解させるというのは、家事がどんなにしんどいものかということを理解させる、あるいはいかに主婦が努力して、家事という崇高な仕事を、ちゃんとりっぱに遂行しているか、ということを理解させるという方向へいっていたとおもうのですよ。それを逆転させるのです。そういうことではなくて、家事というものは、いかにばかみたいなことかということを理解させる、家事はせずにすますのが原則だということをおたがいに理解するということです。

主婦にしたら、夫からわるい細君だとおもわれたり、子どもからわるい母親だとおもわれたらこまるとおもいます。ところが、よいかわるいかどこで判定しているかというと、家事をりっぱにおこなうかどうかで判定されている場合がおおい。ひじょうにつよい完全主義の道徳論というものがありましてね、それをひっくりかえすのです。家事をしないのがいいのだ、というふうにね。そもそも家事というものがなくなって、主婦の座がなくなればいちばんいいわけなんだが、それはなかなかみとめられないな。

すてるまえのプール

――家族は、みとめないし、分担もしないでしょうね。

梅棹　分担することではありません。家事をみんなで分担するのでは改悪だ。みんながなにもしないのがいちばんいいのだから。おやじやムスコはふつうはなにも家事をしていないでしょう。おなじように、主婦もその状態にちかづいたらいちばんいいということです。家事については、なにもしないということです。

――家事整理のうえで「すてる」ことの重要性はひじょうによく認識されてきてい

るとおもいますけれども、いざすてるということになると、なかなかすてられない。それで、すてることが第一だということはよくわかったけれども、「すてられないモノ」「すてにくいモノ」の整理学がしりたいというような声があるのですが。

梅棹 主婦たちは、すてる、すてるというけれども、やはりなかなかすてないものですね。すてるということの意味を、すこし拡張してかんがえないといけません。要するに家庭のシステムのそとに排除するということです。形のあるものをごみ箱にぶちこむということだけではないのです。

――そのシステムからはずれているのに、しかもすてられないということがあるのですね。おもいでがのこっているとか、買ったとき値段がたかかったとか、まだつかえそうだとか、いろいろ理由がありまして、けっきょく「もったいない」ということになるようです。

梅棹 それはたいへんだいじなことですね。わたしたちの心のなかには、一種の汎神論がありますからね。すべてのものには神さまがやどりたまうのだという観念だから、モノを粗末にあつかってはいけない。それをむげに否定できないですよ。ほんとうにもったいないですよね。だけど、けっきょくはなっとくできるすてかたの問題でしょう。たとえば、もえるものはもやすというのはいい方法だとおもいます。それで物神が昇天する。なにか安心感がある。その熱でお風呂でもわかせたら、それがいちばんいい。物神の生命がまっとうしたということになる。

——針供養とか筆供養とかいってもやしますね。供養というのは、ひとつのすてかたではありませんか。

梅棹　それはそうです。供養の精神というものをかんがえなおすということはいいことですね。一年間ためておいて供養する。そのときにもやしてしまう。ひとつの情緒的なよっとくが必要です。それこそいわゆる合理主義ではいかない。どこかでおもいきりというものがいるのだが、上手なすてかたをみつけたときにおもいきれるのです。供養というのはうまいかんがえかただ。おもいきるためになんらかの儀式化をかんがえることはよいことでしょう。

——もったいないというのには、こういうこともあるのですね。たとえば半ダースのコーヒー・カップがあったのだけれども、五つこわれてしまった。しかし、ひとつだけ完全にのこっているとすてられない……。

梅棹　うちでもそういう経験があって、食器の半ぱものがたまる。それは、学生が年一回文化祭でやる模擬店にだしてしまう。それでけっこう役にたつし、うちはすっとする。だから、うちではそうした半ぱものを一年間のこしているんです。毎年やりますからね。

これは技術論になりますが、こうして一年とっておくというような、一種の整理の中間段階をつくる。プールをつくる。これはわりに実用性があるとおもいます。つまり、すてるかすてないかは、ちょっと間をおいてかんがえるのです。そのあいだはプールへしばらくおいておくというかんがえかたです。これはすてるためばかりでなく、いろいろなところでつかえるかんがえかたです。うちでは家庭写真などもこの方法で箱にいれておいて、年に一どアルバムにはるようにしている。

——けっきょく、からにするシステムをつくったうえで、プールを用意するということですね。それをどこの家庭でもしているのは洗濯ものですね。たいてい一ヵ所にまとめています。

梅棹　ただ、プールは定期的にぱっと水をぬくということをしなければいけません。からにするシステムをつくっておかないと、いくらでもプールがふえて、押しいれ全部がプールになる……（笑）。

——システムとしては機能しないけれど、おもいでのあるものというのはどうでしょうか。

梅棹　そこはいわゆる機能的合理主義がおちいりやすい穴なんで、現在機能しているものだけがいいんだということになれば、機能しないものは、すててしまえばいいのだが、そうはゆかない。そもそも人間は基本的に機能主義的にできていない。記憶というものがある。歴史がある。そこで「博物館の思想」というものがいるとおもいます。博物館というのは、ひじょうにひとをなっとくさせるものをもっている。過去をここで保存するわけです。保存しておいて、過去をつねにくりかえしみんなにおもいおこさせる役をしている。歴史を認識させる。その機能を家庭のなかでも無視してはいけない。やはり家庭というものは、つねに成長していて、歴史をもった存在だという意識がありますからね。現在だけがあるというような、そんなあほうなことはないですよ。うまれたときからすでに過去というものにつながっている。それとのからみあいで、すてられなくなるんだね。それで問題は、すべてもやしてしまって供養するだけではかたがつかない、ということになる。

家庭博物館

梅棹　わたしは、家庭博物館をつくることをかんがえるといいとおもう。家庭の一隅を博物館に仕たてて、そこにすてられないものを収容するのです。機能的な合理主義ではすてられない。しかし家庭博物館があったら、処理できるものがあるのです。これは博物館ゆき、これはほんとうにいらない。そういう選別作用がおこるとおもう。問題は、どういうかたちで家庭博物館をつくるかということですね。

——博物館があれば、おなじものの数がひじょうにおおければ、ひとつに代表させることもできますね。あとはほんとうにいらないモノにしていい……。

梅棹　家庭博物館というのは、ひとつの提唱すべき問題ですね。あるいは家庭の歴史館ですね。日本の家庭は比較的それがすくないですよ。ひじょうに保存がわるいものです。みんなあれだけモノをのこしたがるくせに、ある程度たつと、もちきれないようになって全部すてる。全部現物でもっていようということをかんがえるからです。社会的にも、一種の現代常民博物館というものをいまのうちにつくったらいいとおもいますね。これはほんとうにだいじなことだからね。たとえば、現在プラスチックの容器がでまわっていますが、台所でどういうようにつかわれているかということは、一〇年たってごらんなさい、もうわからなくなる。それをどこかへもちこんで、ちゃんと保存しておいてくれれば、一九六〇年代の日本の標準的家庭というものは、いつかはぱっと再現できるでしょう。そういう努力が社会的にもないんです。

——そういう博物館で処理してくれればいいわけですね。われわれとしては、とにかく博物館にもっていって、こっちはもっていったということで、意味のあるモノの始末ができたというわけですね。意味のあるすてかたができたことになる。

梅棹　もし博物館機能が確立しておれば、よろこんですてられるというものが、ひじょうにおおいんです。農家でいまあたらしい農業機械がどんどんはいっているでしょう。ふるい農業機械はもうどうにもしようがない。そういうものは、たとえば日本に農業博物館があれば、そこへみんなもちこんで、そこで処分するなりどうなりしてくれたら、それでいいわけでしょう。それで一種の——へんな話になってきたけれども——家庭の、すてるためのすくいとして、がらくた引受所という社会的施設をつくれ、ということになるとおもうな。

——社会的なそういうところがあると、いちばんありがたいわけですね。家庭にもなんらかのかたちで博物館をもっていれば、モノの始末ができやすくなるのですね。

梅棹　すてかたと整理の仕かたの具体的に実行できる方法としてかんがえているのは、要するにモノをシンボルに転換させるという操作なんです。写真にとるとか、書類にするとか。家庭でやる場合には、それでいっぺんにらくになる。つまり物質で、現物でもっていたら、嵩《かさ》はたかいし、やっかいでしようがないでしょう。かんたんにいえば、写真にしてしまったらぺしゃんこになる、という原理です。それだけでも、うんとちがうのです。

うちはなんべんも家を改造しています。そのたびに、改造まえの状態を写真にとってあるんです。とにかく現状を写真にとって、それから大工さんにはいってもらうのです。あとからみれば、やはりいいおもいでになるし、こういうかたちで歴史をのこしているわけです。こんな現物は家庭博物館でものこしておけないでしょう。まえの状態を保存しておいたら、改造できない。そういうことなのです。写真をとっておけば、あとからみたときにわかる。

——これはたとえば衣類なんかでしたら、断片でもいいわけですね。

梅棹　そうですね。もし衣類をすてるのがおしいとおもったら、それを着て写真を一枚とればいいんです。カラー写真でもいい。それをのこしておいたら、それでいいことになる。現物をいっぱいもっていたら、それはやはり往生することになる。わたしは写真というものには、そういうつかいかたがあるとおもうのです。写真の雑誌なんかには、あまりそんなことはかいていないけれども、芸術以外の用法があるということだな。表現の問題より個人的記録としてつかえるということですね。じじつ家庭写真というのはだいたいそうですよ。それをかなり意識的に適用する。極端にいえば、ある時期のある食器の体系みたいなもの、こういうようにしてごはんをたべていたということを、写真にとっておくということでも、ちゃんと意味がある。家庭の歴史というものをそれで保存することですね。歴史を否定したらいけませんよ。

二階にも電気掃除機

――すてるということと同時に、システムとしてかんがえたら、モノを買うという場合でも、システムにあわなければ買わないということ、まえに先生は「工学的禁欲」もありうるとおっしゃっていますね。

梅棹　いまはそれが逆になっていて、システムには必要なくても、モノをみればそれがほしいとおもってしまうのですね。しかし、しばらく買うのをひかえていると、たいてい欲望はきえるものですよ。反対にそれほどほしくなくても、システムとして必要なモノもある。

――へらすことだけでなくて、ふやしたり、すてずにのこしたほうがよいというものもあるでしょうね。紙くず籠をすべての部屋におくとよいということをおっしゃっていましたが。

梅棹　具体的にはこういうことがありますね。すてるためにものすごい努力しなければならないようなものは、すてなければよろしい。そういうことがあるんです。うちの実例をもうしますと、ある部屋にガス管をひきこんだのです。これは暖房につかっていたのです。ところが暖房システムがかわったために、ガス・ストーブがいらないようになった。しかし、そのガス管をとりはずそうとすれば、そのためにまたえらいことになる。べつにはずさなくてもおいておいたらいい。これはいつか役にたつだろうというので、のこしておくのとちがいますね。

——のこすことのひとつのかんがえかたですね。

梅棹　それをとりさるためにやっかいが生じるなら、おいておいたらいいんです。あたりまえのことだけど。つまり、将来なにか役にたつだろうというのとちがったのこしかたがある。

——けっきょくストーブそのものは処分する。しかし、家屋の骨組みのなかにはいっている配管をはずすのは大工事ということになりますからね。

梅棹　それをあえてとりさるのは、合理主義的潔癖にすぎないということです。合理主義には、いつでもそういうおとし穴がありましてね、家事をサボるのはいい。しかし、サボるということを唯一の目的にして合理主義を発動したら、逆にまたやっかいなことがいっぱいでてくる。いかにして合理的にサボるか。日夜かんがえぬいて、サボるためにひじょうな努力をする。あほらしいことやな、これは。

——つまりすてるのでも、完全にすてるということがまた……。

梅棹　完全にすてようというのは、だめだということです。ほどほどにしておいたほうがいい。いいもなにも、ほどほどになるものですよ。しかし、世のなかには完全主義のひともいましてね（笑）。

――つまりそれがひとつの原則だとおもうのですけれど、つねに不完全を目ざせ……。

梅棹　目ざすというより、つねに不完全なものであるとおもいなさい、ということです。目ざすことはないんです。不完全でもよろしいやないか。逆にネガティブな表現をすれば、つねに完全は目ざすなということです。

――やはり家事は、しなくてすめばいちばんいいということですね。

梅棹　こういうことがある。たとえば、電気掃除機はそうじをする道具である。うちには電気掃除機がある。だからそうじをするためにはこれでいい、というかんがえかたですね。一種の観念的思考法です。そうじというものを、頭のなかで、観念でかんがえると、それでいい。

ところがじっさいは、ひととモノのシステムをかんがえたら、なまけるためには、電気掃除機があったらそれでいいというものとはちがうんです。そこでシステムの問題がでてくる。たとえば何部屋あるか、あるいは二階があるか。二階があったら電気掃除機がふたつあるのがあたりまえだとわたしはおもうのだけれど、あんがい、そういうようになっていないんです。電気掃除機はいくつあってもべつにかまわない。わたしのところでは、そういう一見不合理な二重投資をだいぶやっています。うちはいま掃除機が三つころがっている。これは当然のことだけれど、モノの数の問題がありますよ。モノの数というものを、どういうぐあいにかんがえるか。

――やはりシステムとして、必要なものが必要なところになければいけないんでしょうから。

梅棹　それは「必要」ということではないな。「必要」の段階はもう若干こえているんです。必要最小限でなくて、なまけるために役にたつということだとおもうのです。つまり、機能的であればいくらあったっていいので、それは必要最小限という必要からわりだされたものとは、ちょっとちがうとおもうのですよ。合理的にピシッとでてきたものではないんで、ある意味ではよけいものですよ。しかしつかえる、これはあったほうがよりらくになるんだったら、あったほうがいい。しかし、おなじものをふたつも三つも買うということは、心理的抵抗がおおきいでしょうね。しかし、電気掃除機を各室ごとに一個ずつそなえるのには抵抗があっても、極端な場合には、はさみみたいなものは、各部屋にひとつずつおくのは、なんでもないでしょう。これはあんがいだいじなことでね。

――扇風機のようにふたつ同時につかうことがあるものなら、ふたつあってもおかしくない。しかし掃除機になると、二階と一階と同時にそうじするということはない。それでどうもふたつ買うのに心理的抵抗がつよまるのじゃないでしょうかね。

梅棹　テレビみたいなものは、ふたつも三つも買ったりする。そういうことはすぐわかるのだけれどね。しかし、あの掃除機をよっこらさと二階にもちあげるのは、わたしはばかげているとおもうな。極端にいえば、そんなのは各部屋にひとつずつ、どこかすみへころがしておいたらよろしい。

――スペースにこだわるようですが、システムというのは、家屋のひろさというものでかわるものでしょうか。

梅棹　それはずいぶんかわるでしょう。だからこれは、たいへん生態学的な現象であってね、理念だけではゆかないのです。

――夫婦と子どもひとりであれば、どういうひろさの家にすもうが、これだけの食器とこれだけのモノがあればいい、というようなかたちにはゆかないわけですね。

梅棹　とてもそうはゆかない。それは食器だったら、わりに限度がはっきりしているけれども、そのほかのものだったら、空間がおおきければそれだけいろいろでてくる。

代謝系と愛着系

梅棹　しかし、まだわたしにはちょっとわからないところがあるのですよ。みなさん、どうしてそんなにすてられないのか、もうひとつよくわからない。なにか基本的なところでわたしには理解できない点がありますね。ほんとうにすてられないらしいな。

――いくら理屈としてわかっていてもだめですね。

梅棹　そうらしいですな。

――よく子どものころに、学校へいっているあいだに、だいじにしていたがらくたを親にすてられたという経験がありますね。他人の暴力的行為によってすてられてしまった。そういうような強力な外力でもはたらかないとだめなのかもしれない。もっとも、そのときの子どもの口おしさはたいへんなものですね。

梅棹　口おしいですよ、それは。それとひじょうに似たものがあるのだろうか。

いわゆるフェティシズムみたいなものですね。たしかにそういうことはありますね。だいたいみんなフェティシズムになっているのかな。そういえばわからないでもない。実用的価値はほとんどないけれども、自分にとってはもうかけがえがないのだね。そういうひとは、それでいくしかしようがないな（笑）。

わたしの切手のコレクションみたいでね。膨大な場所をとっているけれども、これは本棚のいちばんいいところへならべてある。しようがない。人生にとっては、そういうことがいちばんだいじなんですね。

――夫の書斎や子どもの机の引きだしのなかなどに、画一的な、機能主義的な整理をしないほうがいいだろうという……。

梅棹 それはしないほうがいいな。それはほんとうにそうだ。わたしはいろいろなことをいっているけれど、わたし自身にもフェティッシュな面がありますから、いろいろなものをやたらにもっているのです。それがいたるところに空間を占領しているでしょう。やはり女房はそういうのを征伐したいから、追放しようとする。それをわたしが抵抗する。

たとえば、わが家でいちばんトラブルをおこすのは古新聞ですよ。古新聞の攻防戦というのは深刻ですよ。わたしは古新聞をだいてね、防戦するわけです(笑)。それに対してこんどは逆の関係もでてくるのですね。わたしは、たとえば人形とかそういうものがいっさいきらいなんです。そういうものがごろごろしているということで腹がたってくる。ところがやはり女房は彼女なりのフェティシズムがある。そういうものをいっぱいならべたいのですよ。それをわたしがゆるさないわけです。こんなものすててしまえということになるでしょう。おたがいにこれはある程度みとめあわなければしようがないな。

――その世界はやはり聖域みたいなもので……。

梅棹　おたがいにね。もしそうなると、フェティシズムの部分だけは、すくなくとも個室がいるということですね。ここは自分の聖域というところがね。フェティッシュなものをおたがいに共通にするということは、これはむつかしいですわ。子どもとおなじだな。

――ほんとうにそうですね。対象になるものが、年齢によっていろいろかわることはありますが……。

梅棹　かわりますね。ある程度は自分で規制することによって、フェティシズムが野ばなしに発展するか、あるいはある程度コントロールされるかという、そのちがいはありますね。まあ、ある点でコントロールの方法をそれぞれみつけなければしようがないね。これでしかし、問題がはっきりしてきたようですね。フェティシズムの世界というものは、そういう家事整理の話の……。

——そとにおくということですね。

梅棹 そとに完全にはおけないんだけれども……。ちょっとべつのことですね。

人間＝物質系としての家庭

梅棹 この問題は、もうちょっと表現をかんがえる必要がある。フェティシズムをなんといったらいいかな。もうすこしわかりやすいことばで分析してみましょう。家庭におけるモノには、ふたつある。代謝系のモノと……。それからいまのフェティシズムは代謝系に対してなんといえばいいのかな。沈澱系あるいは記憶系ということなのだが……愛着系とでもいおうかな。そのいちばんおおきいちがいは、代謝系のモノは代替作用がきくということです。それに対して、愛着系のモノは絶対なんです。

代用がきかない。客観的にはどんなつまらないものでもとりかえるわけにはゆかない。そこがいちばんちがう。だから、すてるということについてかんがえると、代謝系はいくらでもすてられるし、またあたらしく導入することもできる。これはうごいている。回転でしょう。もういっぽうの愛着系のほうはちがいますね。

――それは代謝系の代謝機能を疎外しているようなかっこうで、くいこんでいるわけですね。

梅棹　どちらかというと、物量的には代謝系を相対的におおきくしたほうが、実質生活はうまくゆく。だから愛着系をシンボル化してもつというのは、量の圧縮という点でひじょうにいい方法だとおもうんだけれどもね。愛着系はやはり情緒ないし記憶の問題ですから、心のなかにくいこんでいる。シンボルに転換して、そうしてモノそのものは代謝系でうごかす。そういうことがうまくできればいいわけですね。

――このあいだあるところで、すてにくいものの話になりましたら、すてたくてもすてにくいのは女房だというのです。つまりほんとうは妻を代謝系にいれたい（笑）。

梅棹　現実にそういう場面はありえますな（笑）。家庭のなかがうまくゆかないのは、こいつがいるからなんだ。もしこれを切除できれば、わが家はうまくゆくはずだ、という発想になってくる。人間存在のものすごくぐあいのわるいところで、まさに『罪と罰』のあのテーマなんですね。そのぐあいのわるい人間が家庭のなかにいるということは、その家庭という社会からかんがえたら、ひじょうな反社会的存在なんですね。だから、これを天にかわってきりすてるべきだ、という思想がまたありうるのだね。

——さっき、愛着系のなかでもかわるということがありましたね。恋人時代は絶対愛着系だった。それが結婚してしばらくたつとかわってきて、しまったということになるという……(笑)。それで、家事整理をかんがえる場合、家庭があるということ、妻や夫や子どもという人間関係があるということは大前提にしておいて、家族関係のことはふれないで、モノだけについてかんがえられないですか。

梅棹 人間とモノとは、やはりつながっているのだとわたしはおもいます。家庭というのは人間とモノでつくっているシステム、人間=物質系の問題ですからね。人間をいれかえることも、絶対にできないわけではない。『罪と罰』の主人公みたいに、ひとをころしてしまってはこまるけれども、べつにころすわけではない。いちばんいれかえやすいのが女房なんです。親子はいれかえができない。ところが女房はかえられる。女のほうからいったら、亭主はかえられる。これはおたがいさまだ。そうしたら、システムがぱっとかわるわけですからね。一種の愛着系の転換ということですね。代謝系のほうは、はじめから問題はない。いくらでも自由にかえられますよ。愛着系さえも転換できるということですね。代謝系と愛着系とは法則がちがうけれども、その愛着系さえも絶対的ではない。それはそれなりの転換法則がまたありうるということです。ただし、それにはいろいろ制限があって、たとえば自分の両親をかえることはできないし、子どものほうもとりかえることはできない。

——たしかに現実として、離婚ということはあるわけですから。

梅棹　離婚というのは、やはりそういうことなんです。系の転換なのだから。もうどうにも系がもたないようになったときに、それをやるのだからね。その原因のなかには、たとえば、おたがいの愛着系があまりにもちがうということもありうる。女房が人形ばかりあつめるのが、わしゃ、もうどうしても気にいらん、おやじが新聞紙ばかりつみあげているのは、いかにもしんぼうできない。そういうこともまた、離婚の原因として、ありうるのだから。

——性格の相違というのはそれですね。

梅棹　家事整理学を論じて、こういう問題にいっさいふれないということになったら、これはうそになります。やはり、きょうでてきた議論のなかでのかなり重大なポイントですね。

――いまのお話ですと、友人なんていうものは、奥さん以上に転換可能なものですね。

梅棹　そうです。それからひっこしというのは、たいへんりっぱな行為ですな。いろいろ過去の歴史がつみかさなって、ひとつのシステムになっているのを、ぱっとかえるわけです。それでせいせいしたというひとがたくさんある。代謝系も愛着系もふくめて、系の解体と再建ですね。人生は、ある程度は出なおしがきくものです。そういうぐあいにかんがえたら、わりに筋道はついてきますな。

付記

『暮しの設計』の家事整理学の特集がひじょうな成功をおさめたということは、現代日本の主婦たちが家庭内の整理にいかになやまされているか、ということをものがたっているのであろう。『暮しの設計』ばかりではない。婦人雑誌はくりかえし、このテーマをとりあげている。「家事整理」は婦人雑誌の「忠臣蔵」であるという話もきいた。
　中央公論社ではこの家事整理学に関する論稿をまとめて、一冊の単行本として出版した。(註) ここに収録した、わたしのふたつの論稿もそれに収載されている。ほかに加藤秀俊、今《こん》和次郎、犬養智子、俵萠子、上坂冬子、水野肇、吉沢久子ほか諸氏の論稿がおさめられている。その後の出版社からの連絡によると、この本はたいへん評判になり、新聞、ラジオ、テレビ、週刊誌、婦人雑誌などでとりあげられた。短期間のあいだにたびたび版をかさねて、その年内に数万部を売りつくしたという。

（註）梅棹忠夫ほか（著）『家事整理学のすべて』（中公リビング）一九七〇年九月　中央公論社

あたらしい存在理由をもとめて

解説

わたしが「妻無用論」そのほかの論文を発表してから、一八年の年月がたった。そのテーマはずっとひきつがれ、さまざまな議論をうんだ。一九七七(昭和五二)年に『日本経済新聞』はあらためてこの問題をとりあげた。わたしは同新聞のインタビューをうけ、その後のかんがえをのべた。聞き手は同新聞社の藤原房子記者であった。

記事はインタビュー構成のかたちで藤原記者の署名いりで掲載された。(註) それを藤原記者の了解のもとに、わたしの文章としてかきあらためたものをここに収録した。

紙面に掲載された記事には、つぎのようなリードがついている。簡潔に問題を要約しているので、ここに引用する。

「家事労働は既成品やサービスの進歩で、着々と絶え間なく、社会に肩代わりされつつある。いきおいのおもむくところ、どうとりつくろっても、女性の手はすく一方で、しまいには妻の存在理由がぼやけ、無用になるという。一八年前、きわめて端的に持ち出されたこの問題は、主婦層を中心に広く議論を呼び起こし、今や確かな実感を伴いながら、論じ継がれている」

（註）藤原房子（著）「おんな論争その後――妻無用論」『日本経済新聞』（夕刊）一九七七年六月一一日

家事労働と主婦の座

「妻無用論」という論文をわたしが発表したのは、一九五九年のことであった。(註) 夫はそとではたらき、妻は家庭をととのえるというタイプのサラリーマン型家庭では、家庭における妻の存在理由はうしなわれつつあるというかんがえである。

現代サラリーマン型の家庭は、もともと武家の家庭がモデルになっている。武家の家庭では、男は起源的には戦士であるが、現実には官僚として「奉公」した。そして女は奥がたとして「奥」をまもったのである。この関係は明治以後はしだいに全国民的規模に拡大され、戦後にいたっている。

そして全国民のサラリーマン化の進行とともに、女はますます家庭にとじこめられることになったのである。一般に、戦後は女性の解放がいちじるしくすすんだようにかんがえられているが、かならずしもそうとばかりはいえない。

もともとこのタイプの夫婦では、夫が経済的実権をにぎっているので、妻の立場に基本的なよわさがある。家庭における主婦権を確立するため、妻はさまざまな家事労働をつくりだし、自分をその担当者にすえることで、男の総合的な主権のなかに、台所を中心とした妥協的な女の政権の座をつくりあげたのである。
その結果、めでたくそとうちの分業がなりたち、家庭文化は高度化し洗練された。ところが皮肉にも社会や経済が発達すると、専門の技術者や便利な家庭器具が続々とあらわれ、家事労働は大はばに肩がわりされる。だが、労働がかるくなったことは、担当者の影がうすくなることを意味する。極言すればやがて妻は、ペットとしてのみ存在をゆるされることになるであろう。独立した人間としての生存は危機にさらされる。「妻無用論」という論文の趣旨は、おおむねこういうことであった。

（註）梅棹忠夫（著）「妻無用論」（本書八七―一〇八ページに収録）

拠点の喪失

これに対する反響はおおきかった。女性のあつまりでは、しばしば話題にとりあげられたようである。また、読者からの投書が『婦人公論』編集部におびただしくよせられ、筆者の手もとにおくられてきた。その内容はさまざまである。「ちかごろになく胸のすく爽快さだった」というのもあれば、「腹がたってしようがない」「ただ困惑を感ずるのみ」などと、賛否両論があった。

反対論のほとんどは、子どものことをとりあげていた。主婦業に問題をかぎっていえば家事労働の肩がわりはすすんで、たしかに妻は無用の存在となりつつあるかもしれないが、母親業は別だというのである。つまり子どもを楯にとっているのである。それに対して、わたしはその後「母という名の切り札」という論文[註1]をかいてこたえている。トランプでいえばスペードのエースに匹敵する「母」というオール・マイティーの札で女性は勝負をしたがる、という論旨のものである。

この場合も育児用品の進歩をはじめ、医学や教育施設の発達もかんがえると、育児についてもおおきく社会が女性の労働を肩がわりしていることは疑問の余地がない。にもかかわらず、以前にもまして大量のエネルギーが子どもにそそがれている。これは一種の擬似労働ではないか。育児に大量のエネルギーをそそぎこみ、みずからの人生をささげる結果、女は自分の人生を見うしなうのである。そこで、「母という城壁から、一個の生きた人間としての女性をすくいだすにはどうしたらよいのか」というのがわたしの提出した問題なのである。

このふたつの論文「妻無用論」および「母という名の切り札」を発表するまえに、わたしはもうひとつ「女と文明」という論文[註2]をかいている。いずれも長期的な文明史の視点から、家庭における女の存在理由の論理的構造を論じたのである。男の場合は、終戦後、日本が軍事国家から産業国家に転換するとともに、生産組織のなかにがっちりと根をはった。ところが、女は家事労働の必要性の減少とともに拠点をとられたかたちとなった。

さて、その後一八年の年月が経過した。現代のサラリーマン型家庭の妻たちは、わたしの提出した問題に対して、どんな行動で答をだしているのだろうか。

（註1）梅棹忠夫（著）「母という名の切り札」（本書一〇九―一二八ページに収録）
（註2）梅棹忠夫（著）「女と文明」（本書一三―三五ページに収録）

社会参加への道

まず、家事労働のいっそうの高級化や濃密化というのもひとつの回答であろう。インテリアにこったり、料理に集中したりで自分の個性を発揮し、生活の質をたかめて、なにが無用な妻なものですか、と自信をもって主張するゆきかたである。

しかし家庭のなかでの仕事のくりかえしでは、けっきょくは強固な論理は構築できないであろう。それは家庭という閉鎖体制のなかでのつじつまあわせにすぎない。人間のつよさをますことにはならないであろう。社会に対してなにかをはたらきかけるのでないかぎり、論理的なもろさはまぬかれない。事態がわるくなれば、ひとたまりもなくくずれおちるだろう。

「妻無用論」では、けっきょくは妻が夫をとおしてでなく、自分が直接になんらかの社会的生産活動に参加するべきであろうとのべた。しかし、現実には女性にとって社会参加の道はきわめて困難である。はたらこうとしても職はなく、むりをすれば家庭の崩壊をもまねきかねない。現実は家庭の主婦には、出口はないのである。

この場合、わたしはかならずしも就職して金をかせいでこいといっているのではない。生産といっても、もっとひろい意味での社会的生産であって、企業や組織に就職する以外にも道はたくさんあるはずである。今日では女性はその気になれば社会参加の道をひろい範囲で開拓できるのではないか。

職業とまではいえなくても、ボランティア的な社会活動や地域活動などによる社会参加の道もある。このような「お金にはならないこと」にくわわる機会のほうが、じっさいにはおおいだろう。経済的には家計のたしにはならないが、これらのかたちによる社会参加の道に意味をみとめることもできるはずである。

この種のあきらかな社会的創造をよりどころとして、主婦は居なおればよいのである。社会参加によって発言権を確保すればよいのである。

居なおりの論理

場合によっては、趣味的活動でもいいのである。妻たちは家事を趣味化して、そのなかに逃げこむ場合がおおいことはまえにも指摘したが、家事につながらない趣味もたくさんある。お茶やお花、お琴にピアノ、そのほかの歌舞音曲のおけいごと、ママさんコーラス、スポーツ・クラブへの参加など、趣味活動をとおしての社会参加の道はいくらでも存在する。それらは、おおむね経済的効果はともなわない。しかし、それらは夫を介さずに女が社会に参加する道であることはまちがいない。

かりに趣味などのあそびでも、あるおおきさになってGNPでのウエートがたかまれば、それで社会的パワーになる。経済的な生産第一主義ばかりが人間存在のあかしではない。つまり趣味を巨大化し、組織化したら、意外につよい居なおりの論理をもちえるというわけである。たとえば現実にそういうことがしばしばおこっている。東京近郊の海岸で趣味の釣り人口が巨大な数にふくれあがり、漁業協同組合との摩擦をひきおこしたことがある。漁協側の経済的生産第一主義からいえば、しろうとの趣味で漁場をあらされてはこまるという論理があるのは当然だろうが、趣味の釣りびとの論理はまったく逆転して、職業的漁民こそ遠慮すべきであるということになる。そちらは銭金勘定づくの商売ではないか。こちらはもっと高尚なことをやっているという論理である。漁協はこれにかてなかった。趣味が居なおって、経済を圧倒したのである。

都市ではいまやおびただしい自家用車が氾濫している。タクシーの運転手たちには、「こちらは商売だ。あそび半分の白ナンバーは遠慮してくれ」という論理があるだろう。しかし、自家用車のほうでは、そちらは営利目的ではないか、こちらの純粋行為のじゃまをするなという論理がでてくる。いまや自家用車の大群に対してタクシー側の勝ち目はない。

これとおなじである。女性の非経済的教養活動が社会的にとうてい無視できないほどの量になれば、論理は逆転する。そこで女は居なおればよい。

なにも生産的労働をしないで、しかも社会的な存在意義をみとめられていたものの例として、たとえば公卿、京都の宮廷貴族たちがある。かれらは文化的価値の保持者であったから、その存在意義がみとめられていたのである。女性も文化的価値の体現者として、社会にみずからの存在意義をみとめさせることも可能なはずである。公卿は搾取者であったというならば、現代の女性も居なおって搾取者になればよいのである。日本の現実はその種の文化的環境があるうえに、それをゆるせるほど経済の枠もおおきくなってはいる。しかしこれも、どこかでだれかが経済的な裏づけをしてくれるとの条件つきでなりたつことだ。その裏づけは社会的に実現できればいいのである。

一家庭内で完結する必要はない。

老後への不安

さて、「妻無用論」のでた当時もいまも基本的な背景はおなじだが、いまは老後にまつわる不安が、ずっと切実さをましている。日本人はしだいに長寿になり、それとともに老年をいかに生きるべきかについての漠然たる不安がひろがりはじめている。とくに子どもにエネルギーをそそぎかけ、それにわが老後を託せるものと期待した女たちは、子どもの成長につれて、自分がやがて用なしになってゆくことを予感しはじめている。子どもは、はなれてゆくものである。そのとき、自分はなにをすればよいのか。母という名のきり札で人生を生きてきた女たちは、そのきり札に裏ぎられるのである。文明のおおきいながれのなかで、自分の存在理由のつじつまをどうあわせてゆくか、これは現代の女性にとっておおきな問題である。

付記　主婦論争

家庭における女のありかたについては、その後もくりかえしさまざまな意見が発表されている。それは上野千鶴子氏によって『主婦論争を読む』というかたちでまとめられ、上下二冊の単行本として出版された。(註) このなかには、このテーマに関連する諸氏の論稿がすべて全文収録されていて、戦後の主婦論争の集成となっている。わたしの「女と文明」「妻無用論」「母という名の切り札」の三篇も、ここに採録されている。

上野氏によれば、主婦論争は論点をずらしながら、数次にわたって展開したという。わたしの論稿は、第一次主婦論争のなかで紹介されている。そのとき、わたしは論争に参加しているという意識は、まったくなかった。だれの説に賛成するでもなく、反対するでもなく、自分のかんがえたことをかきしるしただけであった。しかし、上野氏によってまとめられたこの「論争」の経過をみると、たくさんの人たちがわたしの論稿を批判し、言及している。わたしは、わたし自身のしらないあいだに論争にまきこまれていたのであった。

そのなかで上野氏は「主婦論争を解説する」という論稿で、三〇年にわたるこの一連の論争を手ぎわよく分析し、解説している。それによると、これらの諸論稿のなかの論点の組みあわせは、四つの類型に整理されるという。第一は性分業役わり肯定論×家庭擁護論であり、第二は性分業役わり肯定論×家庭解体論、第三は性分業役わり否定論×家庭解体論、第四は性分業役わり否定論×家庭擁護論である。この分類によれば、わたしの諸論は第三の部類に属することになるであろうか。

（註）上野千鶴子（編）『主婦論争を読むⅠ　全記録』一九八二年一一月　勁草書房
上野千鶴子（編）『主婦論争を読むⅡ　全記録』一九八二年一二月　勁草書房

女と新文明

解説

この二、三十年のあいだに、日本の社会はおおきくかわり、女性の生きかたにもひじょうな変化がもたらされた。しかし、わたしはその後、女性の問題、家庭の問題について積極的に発言することをしなかった。一九八二（昭和五七）年の年末に、ひさかたぶりで「女と文明」について執筆したのが、この文章である。これは翌（一九八三）年の一月一日の『日本経済新聞』に掲載された。(註) ここに収録するにあたって、題名をととのえた。

（註）梅棹忠夫（著）「近づく男女同質社会」『日本経済新聞』一九八三年一月一日

わたしが「妻無用論」という一文を『婦人公論』に発表したのは、いまから四半世紀もまえのことである。当時は家電製品が普及しはじめ、家事労働がしだいに機械に肩がわりされつつあった時期である。そうした傾向が家事の担当者である妻の存在基盤をあやうくするかもしれない。その対応策として、女性は男性に依存する生活をあらため、なんらかの社会的生産活動に参加すべきであろうと説いた。

その結論として、これからは男と女の社会的な同質化現象はさけがたいのではないか、としめくくったが、最近の女性の社会進出ぶりをみると、わたしの予言はかなり的をいたものであった、と自負している。夫婦関係も、夫は妻に家事を、妻は夫に経済保障を依存しあう相補的関係から、性だけがことなる友人関係へと変化しつつある。

将来は同質化がさらにすすみ、夫たちは妻をやしなわなければならないという義務感から解放される時代がやってくるのではなかろうか。男がそと、女がうちという伝統的な役わり分担が過去の遺物と化し、妻が金をかせぎ、夫が家事をおこなっても違和感のない時代の到来が女性の社会進出に端を発しているとすれば、女性パワーのうねりは、まさに革命的だといわなければなるまい。技術の進歩も既存の制度や価値観をかえてゆくが、女性パワーはそれ以上の革新性を秘めている。

女性パワーのたかまりを、にがにがしくおもっている男性もいるかもしれない。むりもない。日本は世界に類のない高度な家庭文化を維持している国だが、それはひとつには妻がおびただしい家事労働をひきうけてくれたがゆえになしえた成果なのだから。妻が夫にとって必要不可欠の存在という根拠もそこにある。仕事で心身を消耗しても、家にかえればあたたかくむかえてくれる妻がいる。そうおもっただけでつかれもふっとぶが、これからはそんなぜいたくもゆるされまい。女性パワーの台頭で、まず意識のきりかえをせまられるのは男性、とくに中高年たちのようだ。

いまは価値観の変化の過渡期だけに多少の混乱がおきるかもしれないが、なしくずし的に意識革命はすすむはずである。ことにわかい人たちをみていると、スーパーに買いものにでかけるのも抵抗がないようだし、育児もすすんでひきうける。時代がかわりつつある、とおもわざるをえない。

わたしが「妻無用論」を発表したころは、「自分の身のまわりの用さえたせない男が、ずいぶんおもいきった意見をはいたものだ」と周囲からひやかされたが、最近は自活できるという自信を、ささやかながらもてるようになった。わたしでさえ、である。スーパーにゆけばなんでも売っているし、自炊がめんどうなら外食すればよい。別居しても不自由しない社会システムが完備しているのだ。

文明とは、人間と、その周辺をとりまく装置と制度からなりたつシステムのことである。装置とは通信設備とか流通機構、交通手段など生活の道具であり、制度とは法律や慣習など、生活を規制している約束ごとのことである。女性パワーのうねりも、この人間＝装置・制度系という大枠のなかで理解すべきであり、単に男と女の関係や対比だけでとらえるべきではない。

一九六〇年代からはじまった女性の社会進出も、単に女性の意識高揚の産物ではなく、その背景には家電製品の普及という装置の作用があった。その意味では現在進行中のコンピューター革命も、女性パワーが今後どんな進展をするのかをうらなううえで無視できない。なにごともコンピューターが代行し、家事労働などこの世に存在しなくなるのではないかとすらおもわれるが、いまのところはっきりした答をみちびきだせない。

ただ漠然といえることは、男も女も労働にたずさわることで、生きがいなり存在価値を主張するのは今後むつかしくなるのではないか、ということである。なにしろコンピューターとロボットがすべてをこなしてしまうのだから。コンピューター化がすすむなかで、人間のでる幕をどこにみつけるかを、女性たちも真剣にかんがえてゆくべきであろう。

女性の社会進出を、わたしは、単にはたらいて金をかせぐこと、というようなせまい意味にはかんがえていない。教養なり情報収集力を身につけ、社会のあらゆる分野での発言力をますことが真の女性パワーだとおもっている。現状ではまだ女性の能力が有効に活用されているとはおもえない。現在、わたしが勤務している国立民族学博物館には研究者が約六〇人いるが、女性スタッフは一割である。「天の半分をささえている」のが女性である以上、職場の半分を女性がしめてもふしぎではない。

知的能力に男女差はないし、管理能力や調整能力もしかりである。女性の能力があらゆる分野で正当な評価をうけ作動しはじめたら、また男女の役わりが完全に同質化したら、封建武士社会以来の男社会が崩壊し、女性自身も社会的機能を有するあらたな文明がうまれる。女性パワーはあらたな文明社会へのにない手であってほしいものだ。

情報産業社会と女性

解説

この項は、形式的には本書のためにかきおろしたものである。しかし、実質的内容としては原型がある。わたしは一九六三（昭和三八）年に「情報産業論」という論文[註1]を『放送朝日』に発表した。『放送朝日』はそのあとをうけて、「情報産業論の展開のために」という一連の記事を、その後数年にわたって連載した。そのなかでは、さまざまなひとがこの主題をめぐって論文をかき、あるいは対談をおこない、座談会をひらいている。

そのひとつとして、わたしは加藤秀俊氏と「情報産業社会と女性」[註2]という対談をおこなった。その対談のなかでのわたしの発言をぬきだして、それを中心に全面的にわたしの文章としてかきかえたのが本項である。こういうかきかえをおこなうことをこころよく承諾してくださった加藤秀俊氏に、ふかく感謝している。対談のことであるから、内容的には相手の加藤氏の発言に誘導され、あるいは挑発されての部分がすくなくない。その意味でも加藤氏には感謝している。

なお、本項を執筆するにあたって、芸能史に関する事項については、守屋毅氏（国立民族学博物館助教授）の助言をえた。しるして感謝の意を表する。

情報産業社会、あるいは情報化社会の到来は、さまざまな変化をもたらすであろう。

そのなかでも、わたしは女性の社会的役わりがもっともおおきな変化をみせるであろうと予想している。ここにのべた主旨は、その変化の予測としてはごくささやかなものである。本書『女と文明』の各項から、女性の未来についてのさまざまな予測をこころみていただきたい。

（註1）梅棹忠夫（著）「情報産業論――きたるべき外胚葉産業時代の夜明け」『放送朝日』一月号　第一〇四号　四―一七ページ　一九六三年一月　朝日放送

この論文は、すぐつづいて『中央公論』に転載された。

梅棹忠夫（著）「情報産業論」『中央公論』三月号　第七八年第三号　第九〇五号　四六―五八ページ　一九六三年三月　中央公論社

なお、この「情報産業論」を中心とする、わたしの一連の情報論関係の論文はつぎの本にまとめられている。

梅棹忠夫（著）『情報の文明学』（中公叢書）一九八八年六月　中央公論社（「著作集」第一四巻『情報と文明』所収）

（註2）梅棹忠夫、加藤秀俊（著）「情報産業社会と女性」「特集『情報産業論』の展開のために　最終回」『放送朝日』七月号　第一四六号　八―二七ページ　一九六六年八月　朝日放送

花ヨメの宿題

先日、知人の結婚式があった。テーブル・スピーチをやらなくてもよいという約束で出席した。ところがまんまとだまされ、突如として指名されて、やらなければならないことになってしまった。花ムコ側の知人としてでていったのだが、とっさのことで、はじめてみる花ヨメさんにはなしかけてみたくなって、女の人生について一席やってしまった。

それは情報産業社会における女の生きかたということであった。女とはなんぞや。女のエネルギーをかんがえると、その総量においては、男とあまりかわらない。あるいは男をうわまわるほどのエネルギーをもっている。一時の腕力については、たしかに男がまさっているであろう。けんかをすれば、暴力においては男がかつだろう。人生を時間の関数とかんがえると、ある時点についてそれを微分すると、微分係数はつねに男のほうがおおきい。ただ男には不連続点がいっぱいでてくる。だから積分できない。女は微分係数はちいさいけれども、積分するとおおきな値になる。

問題はその、男を凌駕するほどの巨大なエネルギー量を、女がどうつかうかである。人間は農業の時代にあっては、男と女はひとつの家族労働団をくんでいっしょにはたらいた。すこしずつ仕事の性質はちがっていたけれども、男が耕作し、女が田うえをした。農作業をやってゆくひとつの労働団として、おなじ場所ではたらき、両方がエネルギーをだしてきた。ところが工業時代になると、工業は設備を必要とする。そこで男は設備のあるところへでてゆかなければならない。職場が家庭から分離するという現象がおこった。そうすると労働団が分解する。そうして労働は男の仕事となり、女は家庭にのこされる。これが工業社会における家庭の一般的な形態である。

農業社会においても、一部ではそのようなかたちのものがあった。封建時代および近世の武家の家庭がそうなっていた。武士は官僚として毎日お城にのぼって、勤務についた。そして奥がたは家庭にのこされた。工業社会の家庭は、この武家の家庭のパターンで編成されたのである。

このタイプでは、家庭に女がのこる。家庭にのこった女は、膨大なエネルギーをもてあます。これをなににつかうか。そこでかんがえたのが、家事である。家事というじつにばかばかしい仕事を、女はつぎからつぎへと発明した。これは女のエネルギーを消費するためのものとしては、まことに巧妙な方法であった。極端にいえば、おおかたはしなくてもよいことなのである。柱をみがいたり、畳をはいずりまわってふくというむだな労働をつぎからつぎへとこしらえあげて、それによってエネルギー消費策をはかったのである。現代では家庭の合理的なマネージメントなどということが議論されているが、原理はおなじことである。

ところが、現代のように工業時代の後期にはいってくると、実質的な家事労働がへってくる。家事の大部分が機械におきかえられるという現象がはじまって、どんどん女の仕事はなくなってくる。いっぽう社会的分業がすすんで、家庭内の仕事は裁縫、洗濯、炊事にいたるまで、おびただしい部分が専門業者によって肩がわりされる。そうなると女のエネルギーはあまってくる。それをどうつかうか、それが問題である。

さて結婚式のスピーチであるが、花ヨメさんはまもなく、家庭でかならずこの問題に直面する。そこで、その花ヨメさんに宿題として、そのエネルギーをどうつかうか、かんがえてくださいとむすんだ。すると同席していたひとのなかから声がかかって、

「宿題には期限があるものだ、期限をつけろ」という。わたしは「どういう答をだされるか予想はついておりますが、一年以内ぐらいにきっと答がでるでしょう」といって、列席者のわらいをさそった。

遊離エネルギーのゆくえ

家事に熱中するかしないかは別として、女の遊離エネルギーが存在することは事実である。女のエネルギーは生産的につかわれていない。工業時代を、もう一どそういう点から人類史のなかで見なおしてみる必要があるだろうと、わたしはかんがえている。人類のもっているエネルギーのうち、半分ちかくが現在はむだにつかわれているか、まともな成果をうんでいないのである。これはどうしたものだろうか。この場合、エネルギーというのはもちろん物理量としてはかれるであろうが、もうすこし象徴的にかんがえてもいい。

農業の時代においては、家刀自というものがあった。それは家事労働の一種の熟練者としてでてきた、本格的な主婦職であった。それが工業時代になると労働団から遊離して、まったくべつの意味をもつものとなってくる。農業時代はさまざまな熟練を必要とする家事労働がたくさんあった。ところが、その後になると、家事労働などは熟練を必要としないものになってくる。それでも女たちは熟練者のふりをして、さまざまな家事労働をつくりだした。わたしはこれに擬似専門職という名をつけている。主婦はそういうものに転化していったのである。専門職にはトレーニングが必要で、家刀自はそのトレーナーとしてあたらしい世代のひとを訓練していった。ところが工業の時代になると、主婦は擬似専門職であって、これにはトレーナーもヘチマもない。工業時代の主婦みたいなものは、だれでもなれる。

主婦というものは、女であったらだれでもできる。あるいは女でなくてもできる。おとなである必要もない。工業時代の主婦はそういうものになりはてたのであった。だからこそ逆に、主婦の座にしがみつくという姿勢がつよくなったのである。主婦は擬似専門職化しなければ、やってゆけなくなったのである。これはつねに専門職であるといいつづけなければもたないのである。

わたしはまえに「母という名の切り札」という論文をかいた。(註)それがのちには「教育ママ」というかたちをとってでてきた。「わたしは子どもを教育しています」ということで、おのれの存在意義を主張しようとするのである。トレーナーとしての家刀自は、家事労働の熟練者としてつぎの世代の女たちの訓練をおこなった。これは専門職である。その種の熟練労働が必要なくなって、その結果、遊離エネルギーがふつふつとわきはじめたのである。これをどうつかうか。それをつかういちばんいい方法は、そのエネルギーを子どもにむけることである。そこで家事労働がすくなくなって、そのぶんだけ女のエネルギーは子どもにそそぎこまれることになる。子どもは母親の遊離エネルギーを全身でうけとめるという役わりを背おわされている。

子どもの教育は、ほかにすることがなくなった主婦がかってでたのである。それをしなかったら、主婦ですというあかしがなにもないわけである。そこまで女はおいつめられてしまった。

女はすることがなくなった。だから子どもをいじくりまわす以外にどうしようもない。これは工業時代後期がうんだ特異現象である。

（註）梅棹忠夫（著）「母という名の切り札」（本書一〇九―一二八ページに収録）

情報の消費者

もうひとつの解決の方法は、推理小説によみふけるなどエネルギーを情報的消費にむけることである。情報の消費者として、余剰エネルギーをけしてゆくわけである。この傾向はすでに一七世紀ごろからはじまっている。江戸時代の絵草紙や小説類のおもな読者は女性であった。現代においても女性読者を想定しなければ、小説家などという職業は成立しないであろう。読書ばかりではない。テレビ放送においても、多数の女性の視聴者を想定しなければ放送産業などというようなものは、はじめから成立しない。

情報消費にはげむ結果、一般家庭のレベルでは女のほうが知識の程度がたかい。ただしこれはまさしく情報の消費であって、時間つぶし、ひまつぶしである。生産的なものとはいえない。それを生産的なものに転化する契機はなんであろうか。そこのところがいちばんかんがえなければならない点であろう。しかしそのまえに、女のエネルギーを生産的なものに転化したほうがよいのかどうか、ということが問題である。

情報にかぎらず、なにごとも男がつくり、女がつかうということでもよいではないか、というかんがえかたもまたありうる。あるいは、男も、もっともっと消費者になっていってよいのではないか。極端にいうと人口のごく少数のひとが生産者になり、大多数は消費者になってゆく。あるいはべつな観点からすれば、人間は、一生のごくみじかいあいだを生産者としてすごし、大部分は消費者としてすごすというのでもよいのではないか。

そうすると、消費者としての女の存在はあらためて評価されるべきである。人口の半分をしめる女の大部分が非生産者なのだから、人間の共通の目標がすでにそうとう程度に実現しつつあるのではないか。近代になってからは生産第一主義で、消費は悪であるという思想になっているが、かんがえてみれば根拠のないことである。なんの根拠もなしに、生産に無条件に価値があたえられてきたのである。

パーキンソンの法則

役人の事務と主婦の家事とは、にている点がある。両方ともやめてもなんということはない。にもかかわらず、どちらも技術的に洗練されて高度のところに達している。そのような仕事にたくさんのひとがエネルギーをつぎこんでいるのである。両方ともいわゆる「パーキンソンの法則(註)」があてはまる。完全にやろうとおもったら、いくらでも仕事がふえてゆくということなのである。役人は放任するといくらでも数がふえるのとおなじで、もし経済的にゆるされるならば、家事使用人の数もいくらでもふえてゆく。

役人だけではなく、工業社会がつくりあげたさまざまな社会制度では、いいふるされたことばだけれども「人間疎外」ということがおこる。なにか、はなはだしくばかばかしいことがおこっているとおもわれる。じっさい、しなくてもよいことをしているのである。しなくてもよいことを、そうとしりつつするときに、はじめてよろこびがわいてくるので、しなくてもよいことをしなければならないのは、ばからしいことである。人間生活の根底にはそういう事情がひそんでいる。もうすこし制度なり、やりかたなりがかわったら、こんなばからしいことをしなくてもよいのに、やらざるをえない。そこが非人間的といわざるをえない点である。現在の家事はそういうところへおいこまれているのである。

まえからいっているように、じっさい、論理構造として主婦の存在を確保するために、むだな仕事をやっているのである。こういう仕事にふりむけられた膨大な遊離エネルギーを、われわれは有効につかえないであろうか、ということをかんがえるわけである。こういうことをかんがえるのは男のかなしき性《さが》かもしれないが、有効ということが社会にとってなのか、個人にとってなのか、それについては議論が紛糾するところであろう。しかし、もうすこしちがう角度から、すなわち文明論的立場から有効か無効かをかんがえてみることもできるであろう。

（註）C・N・パーキンソン（著）森永晴彦（訳）『パーキンソンの法則』（本書一四五ページ参照）

女の花見酒

世のなかには男と女が存在する。これはわれわれ自身が欲してつくったものではないけれども、現実には両方が存在する。だいたいほぼおなじにできているけれども、すこしちがう。そのすこしのちがいによって、いっぽうがほとんど未利用のものとして存在するというのはどういうことであろうか。なにかつかいみちがないものか。

存在する以上は、なにかに役だてる方途を発見しようという努力そのものの意味はさておいて、そういう努力をしてみたいという気になるのである。それがよいことかどうかはわからないけれど。

有効につかう話のまえに、いかにそれが有効につかわれていないかという例をかんがえてみよう。教育ママや情報消費のほかに、婦人会とか、なにやらのおけいことか、手芸グループとか、その場で蒸発するようなエネルギー処理場が、女性のためにはおどろくほどたくさん用意されている。

落語に「花見酒」というのがある。長屋のふたりがひともうけしようと、酒樽をかついで花見の場所へゆく。酒を売ってもうけようというのである。ところがいっぽうが相棒に金をはらって一杯のむ。その金をまた反対にはらって、もうひとりの相棒が一杯のむ。気がつくと、仲間どうしのあいだを金がなんども往復しただけで、酒はなくなっていたという話である。

女性には教育ママとか情報消費のほかに、さまざまな趣味のグループなど、仲間うちでエネルギーを蒸発させるような装置がたくさん用意されている。むかしから政界、官界、学界などにならんで「婦人界」というものがあった。それは女性のあいだでの閉鎖的なやりとりで、まさに花見酒の世界である。現代においても女性雑誌というものは、おおむねその類である。社会にむけてではなく、女性のなかだけでエネルギーを回転させ、蒸発させるための装置である。

しかし、ここで花見酒がわるいと主張しているわけではない。パッチ・ワークのテーブル・センターをつくったり、モーニング・ショーをみてものしりになったりするのもそういうことで、人生がたのしめればそれでよいのではないか、というかんがえかたもできる。あるいはそれこそ人生の理想像なのかもしれない。その意味ではやはり女性は人生の夢を先どりしているのであろう。

腕力から知力へ

ここで、どうすればよいかという方法あるいは試案をかんがえるまえに、今後の見とおしあるいは可能性をかんがえてみよう。工業時代には、男と女のわずかな差がものをいったのである。けんかをしたら男がかつにきまっている。腕力というものは工業時代の原理であった。これはだいじな点である。人間みずからハンマーをふりあげて、力をふるう。それが工業をつくってきた。そういう時代には、女はあまりつかいみちはなかった。女はうしろへさがっておれ、ということになる。そして男がまえへでて腕力をふるうことによって、工業を建設し、社会を運営してきた。ところが、いまや工業時代後期から情報産業時代にうつりつつある、というのがわたしの文明史的認識である。社会における価値の体系がおおきくかわりつつあるという見かたである。物質生産にもっぱら価値がおかれていた時代から、情報の価値が重視される時代へと現代はうごいているのである。

情報の時代というのは、腕力にかわって知力の時代だ。知力という点では、男女はまず差がない。すくなくとも、腕力の差よりはるかにちいさい。というより、知力の差は性による差よりも、個人差のほうがはるかにおおきいのである。

知力においては歴史的にいえば、女はずいぶんいろいろなことをしてきた。工業の時代には、腕力が中心になっていたから、知力はうしろにおしやられていた。男性中心主義というのは、腕力中心主義ということである。それが前面にあるから、女の知力はもっぱらうしろ側で花見酒的な回路をつくってしまう。知力が前面にでてきたところで、事情がかわってくる。エネルギーのつかい道がないから花見酒をするので、もしそとへひらかれていたら、女は男と同等かそれ以上の能力を発揮できるはずである。

そういう状況が実現したら、世のなかはおおきく変化するであろう。情報産業時代には女は社会的に大進出する可能性がある。すでにその兆候は、はやくからおこっている。たとえば日本においても、最初に女が積極的にでた職場のひとつに、小学校の教員がある。最近でも小・中学校の教員は、男性から女性にたいへんないきおいでおきかわっているようである。これは男が工業のほうへすいとられているという事情もあるけれども、いっぽうでは女の知的能力にもよる。対等で競争したら、女のほうがたいていかしこい。大学のかなりの部分は女子学生によって占領されてしまっているのである。大学の卒業式においても、各学部の首席は女子学生がしめることがおおいという。

近代における職業の歴史をみても、情報操作専門業には、はやくから女性が進出している。さきほど小・中学校の教員を例にだしたが、電話の交換手もそのひとつである。近代日本における職業婦人のもっともはやい例のひとつは、電話の交換手であろう。最初は男がやったのだがどうにもだめだというので、女がとってかわった。つまり、モノを相手の仕事と、人間相手の仕事とのちがいである。物質処理業に対して人間処理業、あるいは接客業といったら多少かたよりを生じるけれども、その部分もふくむ情報処理業である。これには女性がはやくから進出していたのである。

歴史的にみれば、女性の情報伝達者としての役わりは、はやくからおおきなものがあった。宗教的情報の伝達者として、巫女《みこ》あるいは比丘尼《びくに》などというのも、女性にひらかれた職業であった。だんだん堕落してゆくと「あるき巫女」とか「歌比丘尼」などという、いわゆる遊行女婦《ゆうこうじょふ》がうまれた。出雲の阿国《おくに》のように芸能者にすすむ道もあった。いずれも広義の情報伝達者としての歴史における女性の功績はひじょうにおおきい。

日本の近世においては、歌舞伎などの芸能の世界からはかえって女性はしめだされてしまう。歌舞音曲の世界においても専門職は男性の独占するところであった。女性のその方面における活動の場は、主として廓《くるわ》のなかにかぎられていた。文化・文政ごろになると、ようやく、しろうとの女性が歌舞音曲のけいこにはげむことになる。この場合も師匠は主として男性であった。プロとアマとをとわず、歌舞音曲の世界に女性が大量に進出するのはむしろ明治以後のことである。歌舞音曲の世界では女性の活躍する舞台はすくなくなかった。芸事の師匠もかなりの部分は、女性でしめられていた。日本の王朝時代における女流文学者の輩出はよくしられているところであるが、近世においても女流歌人、俳人として名をのこしたひとがすくなくない。いずれも、情報のとりあつかいをなりわいとしていた人たちである。

それにしても、近代において、歌舞音曲はなんとなく女の特性にあっているというふうにかんがえられているのは、どういうわけであろうか。女が琴やピアノをひき、歌をうたい、おどりをおどるのは当然だが、男がそういうことをするのは、まさにめめしいことだとみなされてきた。これはどういうわけか。もともと女性の特性が歌舞音曲むきにできているとはとうてい信じがたい。現代においても音楽の世界では、プロはやはり男がおおい。本質的には人間であるかぎり、あまり差はないであろう。これは時代のせいであろう。工業の時代にあっては、工業社会のにない手は男であった。そこで男はいやおうなしに実業化させられたのである。そして女はいやおうなしに情報化させられたのである。情報の世界に女はおいやられ、とじこめられたのであった。

男の自衛と選手交代

だいたい工業時代につくられた社会制度は、体力ないしは腕力のつよい男につごうのよいようにつくられている。たとえば通勤の問題にしても、とおくからかようのはあたりまえだという論理がまかりとおっている。かよえないものがわるいということである。

ここでいっきょに国力の話になるが、現代の国家間の競争において女性の力をじゅうぶんに発揮させた国は、国力がいっぺんに二倍になって、国際競争においてひじょうに有利になるはずである。それをかんがえたら、女性につごうのよいような職場と労働条件を続々とつくりだした国が、国際競争にかつということになる。おなじ人口で国力が倍になる計算だからである。ところが現状はそうなってはいない。

共産圏では、機関士とか船員とか、常識的には男の職場とかんがえられているところにまで女性が進出しているが、これはかならずしも全面的に評価できることではないだろう。女をむりやり工業に適応させようとしているのである。男女のあいだには、腕力においては、あきらかに差がある。だからそこをカバーする方法を具体的にかんがえなければならないのだ。男のつごうのよい条件に女を適応させるにはむりを生ずる。

これはある意味では、男が自衛しているのかもしれない。通勤電車がものすごくこんで、手足をふんばらないとつぶされるとか、そういう状態が男にとってはプラスになっているのである。それが男の最後のきり札みたいなものかもしれない。女には物理的、生理的にたえられないようなハードルを、社会のなかにいっぱい用意しているのである。「できるものならやってみろ」ということであろうか。

この問題が解決されたとたんに社会情勢はかわるかもしれない。国力が倍になるといったが、ひとりひとりの男の立場からいうと、これは職場における競争相手が倍になることを意味する。知的生産の分野においても競争相手は確実に倍になる。そうなってきたら、男にとっては容易ならぬ事態となる。

女性の大量の職場進出は、しかし、まことに奇妙な結果をまねくかもしれない。なんといっても工業の社会では、まだまだ男は妻子をやしなわなければならないという責任を負わされている。そこで細君みずからはたらきだしたとしたらどうなるか。男は扶養の責任から解除されることになる。そうなったらどういうことになるか。

そうなってもかまわないのではないか。役わりが逆転して、女のひとがはたらきだして仕事をやったら、男は失職してもかまわないのだ。選手交代である。条件さえととのっていれば、男女の能力はたいしてちがわないはずである。すくなくとも、たいしてちがわないと見なしうるような社会が、だんだんと実現しつつある。ひじょうに楽観的意見のようだけれども、情報産業社会が到来すればそうなるであろう。工業の時代ではとてもむつかしいけれど。

本質的な差はあるか

男女同権という議論がある。はじめは参政権というかたちでの政治的平等の主張であった。そのかんがえかたは、しばしば社会の全面に適応される。職場における雇用条件の平等の主張もそのながれを汲むものであろう。この種の主張にもすでに数十年の歴史があるのだが、社会はなかなかその完全な実現をゆるさない。工業社会の現実のなかで、女はしいたげられている。しかし、女にも同等の権利があるはずだ、というのが同権論の基本的なかんがえかたであろう。

社会の側での保守的なかんがえのなかには、男女の本質的な差が強調されることがおおい。政治的な男女同権論も、おおむねは本質的な差をみとめたうえでの、権利の平等の主張なのである。しかし、いったい本質的な差とはなんであろうか。もちろん男女の差はある。しかし、その差が社会的に重要な意味をもつかどうかは社会の状況によってかわるのである。その差は相対的であり、状況的である。わたしは男女の本質の差を論じているのではない。歴史における男女の役わりを論じているのである。社会における歴史的役わり、歴史における男女の社会的役わりをいっているのであって、これは時代によってかわるものである。だからこそ状況しだいでは、男女の役わりは逆転しうるのである。

役わりが交代可能なものであるにもかかわらず、現実において現代の女性は不遇である。工業社会の論理はきびしい。現代はまだ工業社会であって、情報産業社会にはなっていない。いわばその過渡期である。男女の問題を論じる場合、しばしばおちいるのは、男女同権論ないしは男女の不変なる本質が存在するというあやまちである。

真実はそういうものではない。男も女も社会におけるありかたや意味は時代とともにかわるから、ある時代がきたら、男とか女とかいうことばさえも意味をもたなくなるかもしれない。男と女を、しいて区別していう意味があまりなくなってしまうかもしれないのである。現に、われわれ人間のもっているさまざまな性質のなかで、区別することばのないものがたくさんある。男と女ということもその程度のものになる可能性があるのである。いまはしかし遺憾ながら、男女差がかなりものをいう時代である。

今日では弁護士とか医者とか技術者などの知的職業においても、現実にはまだまだ体力がものをいうことがおおい。じっさいは、体力がなかったらつとまらないような社会のしくみになっているのである。現在の裁判や医療の方式は、男の体力を基準にしてつくられているので、女性には不利な場合がおおい。本来、知力の仕事であっても、これに体力というかけ算をするから、女が損をするのである。

体力といっても、どういう体力をさすのか。一時の体力、一時の腕力なら、男と女はあきらかにちがう。

男女同質化

事態はたいへんなことになりつつある。女も男もおいつめられて、きり札を用意せざるをえなくなってきているのだ。力仕事は男のきり札である。男は筋肉で勝負しているのであろう。棚をつったり、トランクを戸棚からだしたりというときが、やはり家庭のなかでの男の花道である。そういうときには、男は「よしよしおれがやってやる」とでてゆく。男のなかには、多少ともポパイ性みたいなものがあるのだけれども、社会の変化ないしは複雑化にともなって、その表現の場面はだんだんにいじましくなってきた。

わたしはまえに「母という名の切り札」という論文をかいたことがあるが、そのはじめにかんがえた標題は「女は母で勝負する」というのであった。男はなにで勝負するのであろうか。男のきり札は腕力であり、男はそれで勝負するであろう。これは容易ならないことである。

今後、男と女が腕力と母というきり札をもって勝負するとなると、どうしようもない。あえて勝負をしようとするのか、あるいは勝負を回避するか、人間の未来像としてちょっとかんがえてみなければならない問題である。

もっとも、男女の勝負というかんがえかたはひじょうにふるい。アリストパネスの『女の平和』（註）でも、女だけがたてこもって、男をよせつけないというすじがきになっている。

多少、道徳臭のある表現をすると、勝負どころか、男女の関係は異質なるものの調和的共存というところにおちつくのであろう。わたしは、しかし、さきにものべたように、このかんがえかたにはかならずしも同調しない。むしろ、異質の共存というよりは、歴史的、社会的には男女の同質化が進行するとみているのである。すくなくとも、同質なるものとしてとりあつかえるように社会的条件がととのえられてゆくとみているのである。社会的には、男女の区別そのものが、ひじょうにうすれてゆく、意味をうしなってゆくのではないかということである。

もうすこしべつな見かたをすると、いままでの歴史的事情からいえば、男が筋肉にかまけているあいだに、女はせっせと知的ないしは情報産業的なものを開発した。男も知力がなかったわけではない。いっぽうでは男のほうがかしこいんだという説もある。ほんとうに男女の知力の差があるのかどうか、実証的には証明できないであろう。身体の生物学的な形態、機能からいうと男女の多少の差はあるが、知力は大脳皮質の問題である。大脳生理学の次元では、男女の差を立証した例はないであろう。脳のはたらきは人間の問題であって、性の問題ではない。平均的な脳の重量には男女の多少のちがいはある。男のほうがいくらかおもい。しかし、それが機能的にどういう意味をもっているかは、よくはわからない。

（註）アリストパネース（著）高津春繁（訳）『女の平和』（岩波文庫）一九五一年八月　岩波書店

情報産業と女性の職場

工業時代は、男女の差を拡大する傾向をもっていた。ところが情報産業の時代では、その差がミニマムになってゆくとかんがえられる。すくなくともいままでの関係より格段に差がすくなくなる。いまでも女性の職場がいちばん完全に確立しているのは、情報関連の産業部門であろう。たとえば教師、編集者、デザイナー、画家、作家などの領域には女性が大量に進出している。新聞記者もそれにちかいが、社会部では女性はすこしつらいかもしれない。夜うち朝がけを要求される社会部のような部門は、新聞社における工業社会的エネルギー・セクションであって、学芸部などでは女性が大活躍している。この方面には女性がますます進出してくるのではないか。

歴史的には女性は情報の伝播者、伝達者としての役わりが主であったが、それがいまや情報の創造者、制作者、プロデューサー、処理者などの部門に大量に進出してきたのである。レイアウト・マンということばがあるが、いまじっさいレイアウトをやっているひとの半分は女であるという。レイアウト・ウーマンといわなければならない。芸術大学の図案科には、女子学生がおおい。

芸術は女性が活躍する場のひとつである。とくに音楽、演劇の領域では、女性の活躍が目だつ。造形芸術においても、絵とか彫刻は、場合によるとかなりの体力を要する。巨大な壁画をかくなどというのは男の独壇場であろうが、ふつうのおおきさの作品をかいているかぎりは、男性か女性かはあまり問題ではない。

研究という仕事は、男でも女でもできる。学問的な論文の筆者の名まえは、外国語の場合は男か女か気をつけていないとわからないことがおおい。わからなくても、すこしもかまわない。男であろうが女であろうが問題にならないのである。そういう分野が存在するのである。これが情報産業の本質かもしれない。

今日では、大学は各学部でも女子学生の率が、たいへんたかいものになってきている。とくに文科系では文学部、理科系では薬学部においては、女性が圧倒的な数をしめる場合がおおい。

女子学生亡国論という議論がある。大量の女子学生が大学に入学する結果、男子学生の就学の機会がせばめられる。女子学生は卒業後は、ほとんど社会的な機能をはたさないで家庭いりをするので、こういうものに大学教育の機会を占有されるのは国家的損失であるという議論である。今日のような大量の女性の社会的進出をみると、このような議論にはおおいに疑問を感じざるをえない。この女子学生亡国論という思想の根底には、工業社会における男の発想のにおいがする。

この女子学生亡国論にはもちろん反対論がある。女が家庭婦人として教養があることは、ひじょうによいことではないかというかんがえかたである。その教養が子どもに反映して、つぎの世代におおきな影響をおよぼすというのである。しかし、そのかんがえかたも現在の工業社会を前提としているのである。女が情報産業従事者として、まったく男とおなじ条件ではたらける場がどんどん拡大しつつあるとしたら、この議論もなりたたなくなるであろう。

女子教育には、家庭婦人の教養とはことなる意味がでてきているのである。情報産業従事者としての女の専門教育がますます必要になってきているのである。

労働力と情報力

情報産業時代にはいったら、男は妻子をやしなうという重荷から解放される。そうなれば、男も女もおたがいに爆発的に能力を発揮しはじめるかもしれない。それにしても、現代の社会は、家庭の主婦というおびただしい遊休エネルギーをかかえているわけである。このエネルギーを開発する方法はないものか。未開発エネルギーとしてかんがえられるのは、主婦とわかものである。労働組合などでは、婦人・青年部といって、女性と若年層をいっしょにまとめるいいかたがあるが、それには問題がある。婦人と青年は、きりはなしてかんがえるべきであろう。わかものはいわば未成熟の存在である。いろいろなあやまちもおこすし、欠陥もありうる。しかし、女はおとなである。女が子どもあつかいされているというところに、いからなければならないであろう。

女性に対して現在のままで、現在の教養のままで、社会にでてこいといってもでられない。経済的にもいろいろ問題がある。いまのままで、もうちょっと上等のつかいみちはないものかということである。社会学者の加藤秀俊氏は、『婦人公論』で主婦の再入学論というのをとなえたことがある。(註)小学校低学年程度までは子どもで手いっぱいである。その時期がすぎるとぼう然とする。そうなったとき、女はなにをするべきか。加藤氏は大学であれ、なんであれ、正式に学生として再入学して勉強するという方法を提案したのである。

その当否はともかくとして、おびただしい投書がきたという。そうしたいというひとからではなく、そんなことならわたしはすでに実行しているというのである。たとえば、京都大学の国文学教室で『源氏物語』をならっている六五歳の主婦、いわれるまでもなくやってます、いまごろなにをいってるか、というわけである。加藤氏はそのときは、がく然としたという。

明治は国民的エネルギーの解放期で、女性エネルギーも情報産業にむけてかなりの程度に噴出したが、戦争中は女はおいつめられてひっこんだ。女でさえ戦争中は単なる「労働力」とかんがえられたのである。「労働力」ということばに対して「情報力」ということばはおかしいであろうが、女性は労働力であるよりは、情報力として評価しなければならないであろう。

あたらしい時代がひらけつつある。それは情報の時代である。そして、それは女性の時代である。

(註) 加藤秀俊(著)「女性の将来を開く第三の道」『婦人公論』一月号 第四九巻第一三号 第五八四号 七〇―七七ページ 一九六五年一月 中央公論社

追記　『女と文明』の刊行

単行本『女と文明』は、その「まえがき」にしるしたような経緯で、一九八八年一一月になってようやく刊行された。収録した論稿のうち、最初のものがかかれてから三十数年が経過している。さいわいにして、時間の経過にもかかわらず、現在も多数の読者をえて版をかさねた。

なお、この書物は中公叢書の一冊として刊行されたものである。(註) 四六判で本文二二三ページであった。

（註）梅棹忠夫（著）『女と文明』（中公叢書）一九八八年一一月　中央公論社

解説　「妻無用論」から半世紀をへて

上野千鶴子

「主婦論争」にまきこまれて

わたしの処女出版のひとつに『主婦論争を読む　全資料』二巻［上野 1982］がある。そのなかにわたしは梅棹忠夫さんの論文を三つも収録している。だからわたしと梅棹さんのご縁は、研究者としてのスタート以来、三〇年以上にわたる。「女と文明」（『婦人公論』一九五七年五月号）、「妻無用論」（『婦人公論』一九五九年六月号）、「母という名の切り札」（『婦人公論』一九五九年九月号）の三本である。上下巻合わせて計三三本の論文を採用したうちの三本だから、約一割の比重を占める。編者としてのわたしがこの三つの論文を重視していた証拠だろう。

第一次主婦論争とは一九五〇年代に『婦人公論』誌上を舞台に、識者のあいだで闘わされた論争である。石垣綾子の「主婦という第二職業論」をきっかけとして、福田恆存、大熊信行、平塚らいてう、田中寿美子など、保革・男女の論者が入り乱れて活況を呈した。ところがあとになってご本人の弁によると、「論争に参加しているという意識がなかった」とおっしゃる。

「そのとき、わたしは論争に参加しているという意識は、まったくなかった。だれの説に賛成するでもなく、反対するでもなく、自分のかんがえたことをかきしるしただけであった。だが、上野氏によってまとめられたこの『論争』の経過をみると、たくさんの人たちがわたしの論稿を批判し、言及している。わたしは、わたし自身のしらないあいだに論争にまきこまれていたのであった。」[梅棹 1991:132-3]

梅棹さんを論争に「まきこんだ」のは、当時の『婦人公論』の「三枝佐枝子編集長と宝田正道次長の名コンビ」のしかけであったことをご本人が証言している[上野 1991:515]。論争とは多くの場合メディア・イベントであり、そのしかけ人であったおふたりの鋭敏なジャーナリスト感覚が、この画期的な論文を世に送りだした功績は、何度でもたたえられてよい。

梅棹家庭論の驚異的な予測力

「梅棹忠夫著作集」第九巻『女性と文明』の編集を担当し、その解説を書いた端信行によれば、「梅棹家庭論、女性論のほとんどは一九五〇年代の後半、一九五九年に集中的に書かれている」〔端 1991:495〕。それ以前一九五五年に梅棹さんは京都大学カラコラム・ヒンズークシ学術探検隊の一員として現地調査に赴き、その経験にもとづいて一九五七年に「文明の生態史観」という比較文明論を世に問い、注目を浴びていた。同じ時期に書かれたこれらの論文は、比較文明論の家庭版というべきものであった。同じころ、かれは家庭をつくり、子育てにもかかわっていたから、かれ自身の暮らしと家庭への関心も、動機にあっただろう。事実、エッセイには「妻のおともをして百貨店へ行った」などのエピソードが記されている。

一九五九年は梅棹家庭論にとって多産な年であった。一月三日から二〇回にわたってほぼ毎日よみきりエッセイ「新しい家庭づくり」が『朝日新聞』朝刊家庭面に連載された。しかけ人は平井徳志記者。名伯楽はいるものだ。

計二〇回の連載のテーマは多岐にわたるがそのなかからいくつかを紹介しよう。

「梅棹は、三〇年前に、文明論的家庭論の手法によって、きたるべき社会を予測した。その当否はどうであったか。本巻の読者は、その楽しみを享受するにちがいない。」［端 1991:496］と端がいうように、梅棹家庭論の驚異的な予測力をたんのうするためである。ちなみに端自身は適中率を「九〇％以上」と判定している。

「独身ものというと、どこへいっても半ぱもののあつかいをうける。（中略）人間なにも結婚しなければならないときまっているわけではない。一生独身ですごすひとが、たくさんでてきたところで、おどろくにはあたらない。」［梅棹 1991:172］

なにもわたしが「おひとりさま」シリーズの著者だからという理由で、ことさらに引用したわけではない。これが「新しい家庭づくり」と題された連載の第一回なのである。そのなかに「『月収五万円あれば、女房は完全に不必要だ』という計算をする男もあらわれてくる。そういう意味での独身生活者は、今後大量にあらわれてくる可能性がある。」とあるから、このときすでに、「妻無用論」の趣旨は胚胎していたというべきだろう。

「お料理を家庭から追放したらどうだろう。家庭ではお料理はいたしません、ということにしたら、たちまち主婦はらくになるではないか。（中略）すでに料理してある

もの、つまりレディー・メードの食品を買ってくればよい。」［梅棹 1991:176］
「食事における主婦の役わりは、ただの盛りわけ係というだけになってしまうだろう。わたしは、それでよいのだとおもう。」［梅棹 1991:182］
「だいたい家族の着るものを、家庭において、家庭の主婦が自分でつくるなどというやりかたは、きわめて原始的なやりかただ。着るものなんか、既製品を買ってくるか、あるいは専門家につくってもらうかすべきものである。自給自足体制はばかげている。（中略）これからの女は、どちらにせよ裁縫なんかできなくてもよいのである。既製品のなかから自分にあうものをみつけだすセンスさえもっていたら、それでじゅうぶんではないか。」［梅棹 1991:193］

とまあ、すすんでひんしゅくを買うような発言が続出する。一九五〇年代のことだ。発言の主が女であれば、社会的なバッシングを受けただろう。いや、男であっても、猛烈な反発を受けたことを、梅棹さんは証言する。が、それから半世紀後に、現実はそのとおりになった。「コンビニ弁当を持ちこんでも、食卓をともにすれば団欒」と女性の識者が公言し、できあいのお惣菜を家庭に持ちこんで食べる中食《なかしょく》市場が急成長した。日本の家庭食の実態が、いまや中食バイキング状態になったことは、岩村暢子の食の三部作［岩村 2003, 2005, 2007］が、写真データにもとづく調査結果を赤裸々に示している。めいめいがかってに箸をのばすバイキング方式なら、「盛り分け」係すら不要になる。着るものについても、まったくかれの予想通りになった。

「妻無用論」後の国民皆婚社会化

「意地わるい見かたをすれば、女はひまをおそれている。ひまになれば、なにをしてよいのかわからなくなるのだ。」［梅棹 1991:174］

「だいたい、文化とか芸術とかいうものは、ひまの産物である。生活が保障されて、ひまがあれば、そこに文化がうまれるのは当然である。（中略）女こそは、これからの日本の芸術の創造者であり、文化のにない手になるだろう。」［梅棹 1991:194-195］

家庭電化による家事の省力化で主婦が特権階級になりつつある予兆をいちはやく発見し、家事＝偽装労働論を展開する素地ができていた。そのうえで、梅棹さんは、女は「主婦の座」にいなおれ、とまですすめる。それから三〇年たってからの、家事専業ならぬ「活動専業・主婦」の登場を、かれはみごとに言い当てていた。

だが、そんな女性にたいして「現代の男たちは、こういう（男が女をやしなうという）制度を、しだいにばかばかしいと感じるようになってきたという事実」［梅棹1991:184］を指摘する。

こういう発言の延長上に、「妻無用論」が生まれたことをおもえば、その趣旨はけっしてとっぴではない。「妻」無用とは、誤解を避けて言い替えれば、「サラリーマン家庭の専業主婦」はもはや無用である、という説である。そして女性もまた、「男を媒介としないで、自分自身が直接になんらかの生産活動に参加すること」が必要だとする。

「妻無用論」の終わりに、しばしば引用される次の有名な数行がある。

「男と女の、社会的な同質化現象は、さけがたいのではないだろうか。そして、今後の結婚生活というものは、社会的に同質化した男と女の共同生活、というようなところに、しだいに接近してゆくのではないだろうか。」［梅棹1991:68］

早すぎた、というべきだろうか。というのも、梅棹さんがこう書いたあとの六〇年代に、だれもが結婚する国民皆婚社会がおとずれ、そのもとで、「男はサラリーマン・女は専業主婦」の「家族の戦後体制」［落合1994］が怒濤のごとく大衆化していったからだ。結婚は「同質化した男女の共同生活」どころか、梅棹さんが忌避する

「夫と妻という、社会的にあいことなるものの相補的関係」［梅棹 1991:68］に堕していった。

「夫無用」を宣告した女たち

「妻無用論」は主として主婦の読者からごうごうたる非難を浴びた。「妻は無用かもしれないが、母はなくてはならない、子どもをどうしますか」という問いに応えて書かれたのが、「母という名の切り札」である。かれは現代の妻は、「母という名の城壁」にたてこもって、自分の人生を喪失しているとなげく。

「あたらしい女性たちが、けっきょくはサラリーマンの妻であることを維持してゆこうとするために、母の立場に埋没してゆかねばならぬというなりゆきを、かなしみをもって見まもらざるをえないのである。（中略）母という名の城壁のなかから、一個の生きた人間としての女をすくいだすには、いったいどうしたらよいだろうか。」［梅棹 1991:80-81］

「一個の人間であるところの女が『母』で勝負しなければならないということは、やはりたいへん非人間的なことのようにわたしはおもう。」［梅棹 1991:80-81］とかれは同情を示すが、それから半世紀たっても、事態はいっこうに改善されているとはいえない。結婚はいまでは「同質化した男女の共同生活」になったかもしれないが、出産とともにしごとを辞める女性が今日でも七割を越す現実は、「サラリーマンの妻であることを維持するため」ではなく、「女性自身がサラリーマンであること」と両立することがどんなにむずかしいかを証明している。かれが予言するように、女は「はたらく女」になることまではできたが、「はたらく母親」になろうとしたら「母という名の城壁」ではなく、育児に冷淡な「職場の壁」がたちはだかっていた。事情は「はたらく父親」とて同様である。昨今の「両立支援」やワーク・ライフ・バランスなどというかけ声を、もし梅棹さんが聞いたら、半世紀もあとにまだこんなことを言わなければならないなんて、と絶句するだろうか。

だが六〇年代の一時期をピークとして、婚姻率も出生率も低下を始める一方で、既婚女性の有業率は上昇の一途をたどる。それと同時に晩婚化・非婚化がすすみはじめる。「負け犬」［酒井 2003］世代の登場である。アグネス論争に加えて二〇〇〇年代の「負け犬」論争までをとおして、六次にわたる戦後主婦論争として通時的に比較分析した若い研究者、妙木忍［2009］は、先行の主婦論争研究者が扱いをもてあました梅棹論の先見性を再評価して、歴史に位置づけた。それは梅棹さんが参加した第一次主婦論争の時期が日本における主婦化の開始の時期にあたる一方、結婚することと主婦であることとを完全に切り離し、主婦であることを争点から脱落させた「負け犬」論争こと第六次主婦論争が、主婦化の衰退期にあたること、その両端の論争に、主婦役割を全面的に否定する論が登場したことの符合である。日本における近代家族の大衆的な成立期と終焉期にあたっていると言ってよいだろう。半世紀経って因果はめぐるというべきだろうか。それにしても梅棹家庭論の突出した先駆性は、あらためて認識されてよい。

だがその半世紀のあいだに、事態は反転していた。「負け犬」世代と「おひとりさま」とは、「妻無用」ではなく、「夫無用」を宣告した女たちだったからである。彼女たちは、妻からも母からもおりてしまった。この半世紀のあいだに日本の女は、男に変化を求める代わりに、男に期待することをすっぱりやめてしまった、というのが加藤秀一［2010］の見立てである。その背後にいるオス「負け犬」たちの暮らしを、主婦なしでもささえているのは家庭電化とコンビニであり、梅棹家庭論はこの方面では完全に予測が当たった。

主婦論争の始点と終点とは、主婦化の開始と終結とに対応しているのみならず、日本社会の成長経済の開始と終結とに対応している。「妻無用論」の半世紀とは、サラリーマン家庭の専業主婦の妻という贅沢品を維持できた半世紀、と言ってよいかもしれない。いまや妻をもとめてえられない男たちが、生涯非婚者となりつつある。

夫となり妻となる必要はなくなっても、男女のあいだに「ほんとうに人間的な愛情にみちた交渉をもつ」ためには「社会的な同質化」はさけられないというのが、梅棹さんの予見だった。

「現代の文明の傾向としては（中略）家族の解体の方向にわれわれはすすみつつある、ということだけは、いえるのではないだろうか。女の力は、そこまでこなくてはとどまらない。よけいなことをつけくわえるようだけれど、それはそれで、もちろんすこしもさしつかえないとわたしはおもうのである。」［梅棹 1991:20］

「妻無用論」にさかのぼること二年前、一九五七年に書かれた文章である。

このひとをフェミニストと呼ぶべきだろうか。

（うえの・ちづこ／社会学者）

参考文献（筆者五十音順）

岩村暢子　2003『変わる家族　変わる食卓——真実に破壊されるマーケティング常識』勁草書房

岩村暢子　2005『〈現代家族〉の誕生——幻想系家族論の死』勁草書房

岩村暢子　2007『普通の家族がいちばん怖い　徹底調査！　破滅する日本の食卓』新潮社

上野千鶴子　1982『主婦論争を読む　全資料』Ⅰ＆Ⅱ　勁草書房

上野千鶴子　1991「梅棹『家庭学』と文明史的ニヒリズム」（梅棹 1991 解説）

上野千鶴子　1994『近代家族の成立と終焉』岩波書店

梅棹忠夫　1957「女と文明」『婦人公論』一九五七年五月号（上野 1982 収録）

梅棹忠夫　1959「妻無用論」『婦人公論』一九五九年六月号（上野 1982 収録）

梅棹忠夫　1959「母という名の切り札」『婦人公論』一九五九年九月号（上野 1982

収録）

梅棹忠夫　1991「梅棹忠夫著作集」第九巻『女性と文明』中央公論社
落合恵美子　1994『21世紀家族へ』有斐閣
加藤秀一　2010「『女性同士の争い』の彼方」『解放教育』五〇七号
酒井順子　2003『負け犬の遠吠え』講談社
端信行　1991「文明論的家庭論」（梅棹 1991 解説）
妙木忍　2009『女性同士の争いはなぜ起きるのか』青土社

――KAWADE夢ムック『文藝別冊　梅棹忠夫　地球時代の知の巨人』（二〇一一年、河出書房新社刊）より再録

『女と文明』　一九八八年一一月　中公叢書

付記

一、文庫化に際しては「梅棹忠夫著作集」第九巻『女性と文明』（一九九一年二月　中央公論社）を底本とした。

一、註の文中で「著作集」としたものは、「梅棹忠夫著作集」（全二二巻、別巻一　一九八九―一九九四年　中央公論社）を表す。

一、本文中、今日の人権意識に照らして不適切な語句や表現が見受けられるが、著者が故人であること、執筆当時の時代背景と作品の文化的価値に鑑みて、そのままの表現とした。

中公文庫

女《おんな》と文明《ぶんめい》

2020年6月25日　初版発行

著　者　梅《うめ》棹《さお》 忠《ただ》夫《お》

発行者　松田 陽三

発行所　中央公論新社

〒100-8152　東京都千代田区大手町1-7-1

電話　販売 03-5299-1730　編集 03-5299-1890

URL http://www.chuko.co.jp/

DTP　嵐下英治

印　刷　三晃印刷

製　本　小泉製本

Published by CHUOKORON-SHINSHA, INC.

Printed in Japan　ISBN978-4-12-206895-7 C1195

中公文庫既刊より

各書目の下段の数字はISBNコードです。978-4-12が省略してあります。

う-15-9
文明の生態史観　梅棹忠夫
東と西、アジア対ヨーロッパという、慣習的な座標軸のなかに捉えられてきた世界史に革命的な新視点を導入した比較文明論の名著。〈解説〉谷泰
203037-4

う-15-10
情報の文明学　梅棹忠夫
今日の情報化社会を明確に予見した「情報産業論」を起点に、価値の生産と消費の意味を文明史的に考察し、現代を解読する。〈解説〉高田公理
203398-6

う-15-12
行為と妄想　わたしの履歴書　梅棹忠夫
すべての探検と学究の糸口は妄想からはじまった。国立民族学博物館初代館長、碩学が初めて綴った、思索の道筋。日経新聞「私の履歴書」に大幅加筆。
204006-9

は-19-4
日本史のしくみ　変革と情報の史観　林屋辰三郎　梅棹忠夫　山崎正和 編
編者に上田正昭、司馬遼太郎、原田伴彦、村井康彦を加えた多彩な執筆陣が「変革」を縦軸、「情報」を横軸に日本史を捉え直した記念碑的著作の待望の新装版。
206700-4

う-36-1
ニッポンが変わる、女が変える　上野千鶴子
女の力を活かさないこの国に未来はない——上野千鶴子が12人の尊敬する女性を迎え、3・11後の世界を生きる知恵、そして新たな希望について語り合う対談集。
206333-4

い-106-1
変わる家族　変わる食卓　真実に破壊されるマーケティング常識　岩村暢子
朝食はお菓子、料理は気分次第……普通の家庭の日常の食卓が写真付きで徹底分析されることによって浮彫りにされる衝撃的な日本の「現在」。〈解説〉養老孟司
205219-2

い-106-2
「親の顔が見てみたい！」調査　家族を変えた昭和の生活史　岩村暢子
真似したくない「お袋の味」もあった……一九六〇年以降に生まれた主婦を育てた母親たちの生き方・しつけ・時代状況等を徹底調査。〈解説〉久米宏
205354-0

い-110-1
良いおっぱい悪いおっぱい〔完全版〕
伊藤比呂美
一世を風靡したあの作品に、3人の子を産み育て、25年分の人生経験を積んでパワーアップした伊藤比呂美が大幅加筆！「やっと私の原点であると言い切ることができます」
205355-7

い-110-2
なにたべた？ 伊藤比呂美＋枝元なほみ往復書簡
伊藤比呂美
枝元なほみ
詩人は二つの家庭を抱え、料理研究家は二人の男の間で揺れながら、どこへ行っても料理をつくっていた。二十年来の親友が交わす、おいしい往復書簡。
205431-8

い-110-4
閉経記
伊藤比呂美
更年期の女性たちは戦っている。老いる体、減らない体重、親の介護、夫の偏屈と。ホルモン補充療法に挑戦、ラテン系エクササイズに熱中する日々を、無頼かつ軽妙に語るエッセイ集。
206419-5

か-81-1
発光地帯
川上未映子
食、夢、別れ、記憶……何気ない日常が、川上未映子の言葉で肌触りを一新させる。心のひだに光を灯す、切なくも温かな人気エッセイシリーズ第一弾。
205904-7

か-81-2
魔法飛行
川上未映子
お米のとぎ汁で大根をゆでる日がくるとはなあ――『きみは赤ちゃん』の川上未映子が大震災をまたぐ波瀾の一年を綴る、日記的エッセイシリーズ第二弾。
206079-1

か-81-3
安心毛布
川上未映子
ふつうに人生を生きてゆくことが相も変わらぬ椿事――妊娠・出産・子育てと、日常に訪れた疾風怒濤の変化を綴る日記的エッセイ三部作、ついに完結。
206240-5

さ-27-3
妻たちの二・二六事件 新装版
澤地久枝
〝至誠〟に殉じた二・二六事件の若き将校たち。彼らへの愛を秘めて激動の昭和を生きた妻たちの三十五年をたどる、感動のドキュメント。〈解説〉中田整一
206499-7

し-10-6
妻への祈り 島尾敏雄作品集
島尾敏雄
梯久美子 編
加計呂麻島での運命の出会いから、二人はどのようにして『死の棘』に至ったのか。島尾敏雄の諸作品から妻ミホの姿を浮かび上がらせる、文庫オリジナル編集。
206303-7

各書目の下段の数字はISBNコードです。978-4-12が省略してあります。

し-11-2
海辺の生と死
島尾ミホ
記憶の奥に刻まれた奄美の暮らしや風物、幼時の思い出、特攻隊長として島にやって来た夫島尾敏雄との出会いなどを、ひたむきな眼差しで心のままに綴る。
205816-3

た-15-5
日日雑記
武田百合子
天性の無垢な芸術者が、身辺の出来事や日日の想いを、時には繊細な感性で、時には大胆な発想で、心の赴くままに綴ったエッセイ集。〈解説〉巖谷國士
202796-1

た-15-9
新版 犬が星見た ロシア旅行
武田百合子
夫・武田泰淳とその友人、竹内好との旅を、天真爛漫な目で綴った旅行記。読売文学賞受賞作。竹内好の随筆「交友四十年」を収録した新版。〈解説〉阿部公彦
206651-9

た-15-10
富士日記（上）新版
武田百合子
夫・武田泰淳と過ごした富士山麓での十三年間を克明に描いた日記文学の白眉。昭和三十九年七月から四十一年九月分を収録。〈巻末エッセイ〉大岡昇平
206737-0

た-15-11
富士日記（中）新版
武田百合子
愛犬の死、湖上花火、大岡昇平夫妻との交流。昭和四十一年十月から四十四年六月の日記を収録する。田村俊子賞受賞作。〈巻末エッセイ〉しまおまほ
206746-2

た-15-12
富士日記（下）新版
武田百合子
季節のうつろい、そして夫の病。山荘でともに過ごした最後の日々を綴る。昭和四十四年七月から五十一年九月までを収めた最終巻。〈巻末エッセイ〉武田花
206754-7

と-12-3
日本語の論理
外山滋比古
非論理的といわれている日本語の構造を、多くの素材を駆使して例証し、欧米の言語と比較しながら、日本人と日本人のものの考え方、文化像に説き及ぶ。
201469-5

と-12-8
ことばの教養
外山滋比古
日本人にとっても複雑になった日本語。時代や社会、人間関係によって変化する、話し・書き・聞き・読む言語生活を通してことばと暮しを考える好エッセイ。
205064-8

と-12-10
少年記
外山滋比古
五銭で買った「レントゲン」、父からの候文の手紙、教練でとった通信簿の「でんしんぼう」、恩師と食べたまんじゅうの涙――思い出すままに綴った少年記。
205466-0

と-12-11
自分の頭で考える
外山滋比古
過去の前例が通用しない時代、知識偏重はむしろマイナス。必要なのは、強くてしなやかな本物の思考力です。人生が豊かになるヒントが詰まったエッセイ。
205758-6

は-58-1
暮しの眼鏡
花森安治
ミイハアを笑うものは、ミイハアに泣かされる。衣食住、風俗など、身近なできごとからユーモアとエスプリたっぷりに「世の中にもの申す」。〈解説〉松浦弥太郎
204977-2

ふ-2-5
みちのくの人形たち
深沢七郎
お産が近づくと屛風を借りにくる村人たち、両腕のない仏さまと人形――奇習と宿業の中に生の暗闇を描いた表題作をはじめ七篇を収録。〈解説〉荒川洋治
205644-2

ふ-2-6
庶民烈伝
深沢七郎
周囲を気遣って本音は言わずにいる老婆（「おくま嘘歌」）、美しくも滑稽な四姉妹（「お燈明の姉妹」）ほか、烈しくも哀愁漂う庶民を描いた連作短篇集。〈解説〉蜂飼耳
205745-6

ふ-2-7
楢山節考／東北の神武たち　深沢七郎初期短篇集
深沢七郎
「楢山節考」をはじめとする初期短篇のほか、伊藤整・武田泰淳・三島由紀夫による選評などを収録。文壇に衝撃をもって迎えられた当時の様子を再現する。〈解説〉小山田浩子
206010-4

ふ-2-8
言わなければよかったのに日記
深沢七郎
小説「楢山節考」でデビューした著者が、武田泰淳、正宗白鳥ら畏敬する作家との交流を綴る文壇日記。巻末に武田百合子との対談を付す。〈解説〉尾辻克彦
206443-0

ふ-2-9
書かなければよかったのに日記
深沢七郎
ロングセラー『言わなければよかったのに日記』の姉妹編（『流浪の手記』改題）。飄々とした独特の味わいとユーモアがにじむエッセイ集。〈解説〉戌井昭人
206674-8

各書目の下段の数字はＩＳＢＮコードです。978－4－12が省略してあります。

ふ-18-1
旅　路
藤原　てい
戦後の超ベストセラー『流れる星は生きている』の著者が、三十年の後に、激しい試練に立ち向かって生きた人生を辿る感動の半生記。〈解説〉角田房子
201337-7

ふ-18-5
流れる星は生きている
藤原　てい
昭和二十年八月、ソ連参戦の夜、夫と引き裂かれた妻と愛児三人の壮絶なる脱出行が始まった。敗戦下の苦難に耐えて生き抜いた一人の女性の厳粛な記録。
204063-2

い-35-20
十二人の手紙
井上ひさし
転落した修道女の身も心もボロボロの手紙や家出少女の手紙など、手紙だけが物語る笑いと哀しみがいっぱいの迫真の人生ドラマ。新装改版。〈解説〉扇田昭彦
205103-4

い-35-24
完本　小林一茶
井上ひさし
何重にも施された仕掛けによって、おかしく哀しく敬虔に俳人一茶の半生を描き出す、読売文学賞受賞の傑作戯曲。エッセイ、対談、「一茶百句」などを増補。
206847-6

て-10-1
南洋と私
寺尾　紗穂
「南洋群島は親日的」。それは本当だろうか。サイパン、沖縄、八丈島――消えゆく声に耳を澄ませ、戦争の記憶を書き残した類い稀なる記録。〈解説〉重松　清
206767-7

な-56-2
南洋通信　増補新版
中島　敦
南洋庁国語編修書記としてパラオに赴任した中島の目に映った「南洋」とは。『南島譚』『環礁』に加え、妻子に宛てた九十通以上の書簡を収録。〈解説〉池澤夏樹
206756-1

も-32-1
数学受験術指南　一生を通じて役に立つ勉強法
森　毅
人間は誰だって、「分からない」に直面している。「分からない」とどう付き合って、これをどう味方にするか。受験数学を超えて人生を指南する一書。
205689-3

や-73-1
暮しの数学
矢野健太郎
絵や音楽にひそむ幾何や算数など、暮しのなかに出てくる十二の数学のおはなし。おもしろく読めて役に立つ、論理的思考のレッスン。〈解説〉森田真生
206877-3